香港史學會系列

古溯西城

西營盤的歷變
新版

黃競聰　著

中華書局

獻 給 我 的 祖 母

吳 麗 芳

推薦序 / 蕭國健

　　西營盤區位於香港島北岸西面海濱，初為一人跡稀疏之地，稱西角（West Point），俗稱西環。1841 年英軍登陸上環水坑口，於今水街山邊設營，駐 800 名印籍士兵。1842 年受瘧疾及颱風影響，營地東移。1843 年建海員醫院（位雀仔橋處，1874 年改國家醫院 Civil Hospital）。後因該地曾為英軍之西營房（West Encampment），故名，且沿用至今。1845 年該地有房舍 35 間、店舖 19 間。1849 年人口 243 人。1857 年間，大量難民湧入，政府遂發展該地。據官方 1857 年檔案所示，「西營盤」於該年始被劃為維多利亞城七約之第一約（Sub-district No.1）。

　　其後，政府沿西營盤地區山坡興築街道：自下而上為第一街、第二街、第三街，再上為高街；自山上而下者，位東面有東邊街，西面為西邊街，兩街之間為正街。第一街與第二街之間設有街市。該區漸成為一人口眾多之華人居住區。而沿海之商店，則以經營海味、藥材及雜貨為主。歷百多年，該區已發展為一人口稠密之商住地帶。

　　競聰君服務西營盤地區多年，對該區之歷史及社會文化甚有研究，除翻查有關該區歷史之典籍及檔案外，於工餘間在區內作廣泛考察、訪問及拍照記錄。現將所獲資料編輯成書，題為《城西溯

古──西營盤的歷變》，囑余為序。余以其書內容豐富，對西營盤
之歷史發展作詳盡介紹，故特作推薦。

蕭國健於顯朝書室

2019 年仲秋

推薦序 / 劉國偉

我認識的競聰兄，做事非常勤力，對研究香港歷史孜孜不倦。公事以外還修讀研究碩士，畢業後再修讀博士，過程中發表了不少論文，貢獻良多。早前得悉競聰兄《城西溯古 —— 西營盤的歷變》將會出版，筆者感到非常高興，此書乃競聰兄從其碩士論文提煉精華而成，必定精彩也。

正執筆寫序時，勾起了筆者十多年前的回憶，當時筆者初出茅廬，剛剛加入長春社文化古蹟資源中心，上司囑咐要帶領公眾考察西營盤，卻只有一星期的時間預備。筆者茫茫然不知如何是好，只好盡力蒐集任何二手資料（書本、論文等），並不斷在西營盤大街小巷穿梭，務求在最短時間內熟悉西營盤的歷史。最後，考察團是帶過了，卻是不盡人意。

往後隨着競聰兄及其他有心的同事加入，大家都願意努力找檔案、地圖、舊報紙及鍥而不捨找西營盤街坊訪問，總算充實了對西營盤的認識，日後跟學生及公眾介紹的時候，就內容及路線設計的安排上，均充實了許多。

這本書共分兩部分，「沿革篇」內，闡述了西營盤之成長，但過程並不沉悶，因為競聰兄不單簡述西營盤之發展歷史，更是將西營盤之歷史緊扣香港發展之歷史長河內，文中可見香港大事如電車之出現、政府政策、填海工程及災難等改變西營盤之面貌，説歷史故

事之技巧相當出色。

到了社會文化篇，競聽兄選擇七個不同單元，涵蓋了宗教、醫療、教育等主題，補充了沿革篇未能觸及的內容。精彩篇章如〈戰前四環更練發展史〉及〈李陞與早期香港社會發展〉等，梳理了很多有用的資料，讓大家簡易地明瞭箇中來龍去脈，實是妙極。

由衷希望競聽兄繼續努力，除了博士論文可以付梓出版外，及後可發表更多論文，以饗讀者。

劉國偉

2022 年 4 月 18 日

自序

　　小時候，我家居住大角咀，記憶中很少過海，穿梭西營盤卻出奇次數不少。西營盤第一個印象是祖母賦予給我的。我的祖父英年早逝，祖母含辛茹苦獨力養大三個孩子，她是一個很有能耐的女子。祖母守寡後便在陳意齋工作，擅於製作粢蹄和鴨腎等小食，聽說顧客不少是醫生和有錢人。她又懂得交際，時常煮美食招待友好，與左鄰右里的藥材舖和海味舖員工頗為熟絡。記得有一年臨近歲晚，祖母拖着我，遊走橫街窄巷，到訪上環、西營盤老字號，購買賀年用品。每停駐一店，祖母與店員談笑風生，老舖滲出懷舊古樸味道，總教人不能忘懷。

　　另一段難忘的西營盤回憶，還是有着祖母的身影，這次記憶更是異常鮮明。我出世不久，皮膚濕疹嚴重，遍尋名醫，吃藥打針始終未見起色。祖母經一位老顧客護士魯姑娘推薦，介紹了一位西營盤分科診所皮膚科醫生給我診治。每隔一段時間，祖母便帶我去覆診。我們在大角咀碼頭乘搭渡海小輪，抵達中環再坐叮叮，在鹹魚欄落車。沿着威利麻街向南走，經過皇后街，斜對面便是雀仔橋上的西營盤分科診所。猶記得室內燈光昏暗，讓我很容易聯想起恐怖電影場景。有一次，祖母和我坐在診症室旁的木櫈等候，瞧見一位男士急步走進房內，門卻沒有關閉，連氣喘聲亦聽得一清二楚。隔了一會兒，聽到那位男士哭着說：「醫生，我那話兒有得救嗎……」

醫生沉默一會，緩緩道：「總之手尾長啦！」

　　西營盤地區位於港島北岸的西部，東面是上環，西面是石塘咀，南止於般咸道，北面止於海岸線。區內界限為北至皇后大道西，舊稱大馬路；南邊為山頂區，東至東邊街，西至西邊街。港島英屬以前，西營盤人口稀少，史書未載有村落。皇后大道西還未築成前，沿海地帶很窄且曲折；西營盤地處斜坡之上，多石山，滿佈密林，難以立村。自香港英屬初期，該地劃作駐兵之地，名「西營房」（Western Encampment），今址在佐治五世公園至水街一帶均屬軍營範圍。1850 年代，太平天國之亂，內地逃難遷入者眾，港府為方便管理，遂劃出此地供他們居住。自此以後，西營盤由最初軍營，逐步演變為市鎮。

　　雖然西營盤的發展不如中環那樣繁盛，但區內仍保存很多戰前文物建築。隨着城市發展，部分地區被劃入重建範圍，歷史痕跡很有可能湮沒於推土機下，保存這些資料是十分困難。舊有的唐樓已經逐漸換上平台樓豪宅；老店結業，轉手成為連鎖店的天下，原居民被迫遷往他區，中產人士紛紛進駐，帶動樓價不斷上漲，連地舖的價格也不能倖免地升值。西營盤的名稱一度被地產商改名換姓，稱作西半山。第一、二街重建工程，兩排的十多層高的舊樓變成橫跨整個街段的平台大樓。餘樂里納入重建範圍，第三街的地盤轉瞬

間已建成豪宅，從前古街舊巷已面臨消失的危機。港鐵港島西線開通後，扶手電梯由第三街直上般咸道，舊日車房和茶餐廳轉眼間已變成充滿各國風味的高級餐廳。

自 2008 年，本人開始在西營盤工作，有感該區正面臨重大的變化，而坊間未有專著研究西營盤，故修讀碩士課程便以《香港島西營盤區之發展──從軍營到市鎮（1841-1903）》作為論文題目，探討西營盤早期之發展。此書的內容和框架正是筆者的碩士論文基礎上再加以擴展，期望在推土機下重構西營盤的歷史，以小見大，見證香港在歷史的轉折中探索一個地區從誕生、成長、衰落與轉化的過程。最後，感謝蕭師國健和劉國偉兄賜序，鄧家宙博士和梁金華師傅等借出相片，並得到中華書局（香港）有限公司黎耀強副總編輯等多番鞭策，方能順利付梓出版。

黃競聰謹識
2022 年 5 月

目錄

沿革篇

上篇

西營盤的
命名與傳說

■ 第一節 ■ 開埠前港島西部的面貌

　　西營盤位於香港島西部北岸。香港開埠以前，港島西北部發展始
終未如理想。港島位處中國東南方邊陲，漢唐以前，本是傜、蜑等土
著聚居之地，他們多以捕魚和務農為業。據考古調查，港島南部發現
了不少新石器時期的文物。今港島南區石澳大浪灣和黃竹坑兩處均發
現史前摩崖石刻，紋飾狀如饕餮，與殷商時期青銅器和陶器的紋飾甚
為相似。[1] 此外，港島南部有兩個考古遺址，分別在舂坎灣和赤柱灣，
同列為「考古資源特別遺址」。前者距今 6,000 多年歷史，屬新石器時
代中期；後者屬新石器晚期，可證史前已有人聚居港島。[2]

1　蕭國健：《香港歷史與社會》（台北：台灣商務印書館，1995 年），頁 161-169。
2　梁炳華：《南區風物志》（新修版）（香港：南區區議會，2009 年），頁 152-153。

明代時期，香港地區經濟發展不俗，臨海居民曬鹽為生，谷地居民多種香樹，人民生活安定。香港出產的香品大多外銷，輸出內地。香品會先用小艇從尖沙頭的香埗頭運往石排灣，繼用艚船轉運至廣州，最後外銷至江浙等省。明代中葉出版《粵大記》，所記錄香港之地名共有 74 個[3]，香港島地名凡七，九龍半島凡四，其他均屬新界地區。[4] 這七個地名包括有香港、[5] 鐵坑、[6] 舂磡、[7] 赤柱、大潭、稍箕灣及黃泥涌。除了稍箕灣和黃泥涌位於北岸外，各村落聚落集中在南部，位於西北岸之西營盤仍未載於縣志。

清初厲行遷海令，香港島位處遷海之地，居民遂全遷回內陸，此致港島空虛。沿海空無人跡，朝廷鞭長莫及，淪為盜賊聚集之地。

3　香港海岸線曲折，灣澳和海島甚多，海門險要，為進出閩粵必經之地，無論是海防或經濟貿易皆佔有重要地位。亦因如此，其時輿圖多重沿海島嶼、灣澳及海門之繪錄，部分對風向及水程、灣泊情況也有紀錄。值得注意是，以《粵大記》與香港地區流傳的族譜對照，就會發現很多位於內陸地帶之村落未有記錄，如錦田、屯門、粉嶺和上水等。此證明古代地圖多由經驗航海者編製，應用於導航，故特別重視海島及海門之紀錄。

4　（明）郭棐：《粵大記》（卷 32），政事類政防卷末，廣東沿海圖香港部分。

5　「香港」這名稱最早見於明萬曆年間出版的《粵大記》，其得名蓋因該地鄰近香木出口地之故，該港灣稱香港，意指芬芳之港口，位於灣畔之村落遂稱香港村，疑為今日之鴨脷洲。一直以來，學者均認為香港村位置在黃竹坑，展界後原居者未有遷回，至十八世紀初，周氏入黃竹坑稱之為香港新圍。然而，據《粵大記》所載，其時香港島未有名稱，但有記錄島上的村落，分別有黃泥涌、稍箕灣、大潭、赤柱、舂磡和鐵坑等村落名稱，而香港之名則繪於鐵坑對上的小島，即今日之鴨脷洲。「香港」一名有狹義和廣義之分。狹義言之，僅指香港島上的香港村。廣義言之，指由香港特別行政區所管轄的範圍，包括香港島、九龍半島和新界，連同 235 個島嶼。

6　位於今香港仔黃竹坑與深水灣間之一海濱地區，舊有磚窰，惜今已不能考。詳見蕭國健：《探本索微：香港早期歷史論集》（香港：中華書局，2015 年），頁 72-83。

7　今稱舂坎角，位於港島淺水灣與赤柱之間。

康熙八年（1669）展界，居民遷回原居地。[8] 雍正初年，港島之香港、鐵坑、舂磡、黃泥涌、大潭、赤柱及稍箕灣村相繼復建。[9] 乾隆二十七年（1762），石匠朱居元從長樂黃肚湖村遷到石塘咀，開基建村。後因常有虎狼出沒，臨海易有災患，加上海盜橫行；朱氏兩房人於嘉慶年間舉族遷移，一房遷往大磡村和沙埔村，另一房則在港島東南鶴咀立村。[10]

嘉慶年間出版之《新安縣志》載港島村落有薄鳧林、黃泥涌和掃管莆，[11] 清廷北岸增設紅香爐汛和赤柱汛，屬大鵬所防守營管轄。[12] 道光二年（1822）兩廣總督阮元負責主修《廣東通志》，書中〈海防略〉的〈新安沿海圖〉所繪香港島的地名有紅香爐營汛、大潭、硬頭山、赤市等幾處，當中未有提及港島西區的地名。由此可見，1841年以前在英軍未侵佔港島前，西營盤人口稀少，加上臨近海岸，背靠石山，平地非常少，難以聚居成村落，故未見載於縣志和史書。

8　蕭國健：《香港歷史與社會》，頁 3-6。

9　郗玉麟：〈輿圖志〉，〈廣東海防圖〉，《廣東通志》（卷 3）。

10　朱石年、張新霖：〈客家人對香港經濟的貢獻〉，載劉義章編：《香港客家》（香港：廣西師範大學出版社，2007 年），頁 210；饒玖才：《香港的地名與地方歷史（上冊）——港島與九龍》（香港：天地圖書，2011 年），頁 57-58。

11　薄鳧林及掃管莆二村皆新安縣官富司管屬村莊。詳見（嘉慶）王崇熙：〈輿地略〉，〈都里條〉，《新安縣志》（卷 2）。

12　紅香爐水汛：在本營西、水程 290 里，下至大鵬山炮台，水程 110 里，千總一員，外委一員，該汛兵丁撥配米艇巡洋。詳見阮元等：〈經政略〉，〈兵制三〉，《廣東通志》（卷 175），頁 26。

■ 第二節 ■　西營盤、西角與西環

（一）西營盤

西營盤的名字由來向來有不同的說法，從字面解釋，西營盤可以分拆為兩部分：「西」代表其位置，即港島西部也。「營盤」翻譯自英文 Encampment，解作軍隊駐紮之地，[13] 表意為「位於西方的營房」。香港扼珠江虎門進出之路，乃南中國海的重要交通樞紐，往來閩浙之途，中外貿易船隻必經之地。[14] 香港沿岸多海島，人跡甚少，故易為盜窟。明代始置汛營，巡邏香港沿海水域；[15] 清代加建炮台和寨城，以鞏固防務。查香港有很多地名均與軍事佈置有關，其中屯門更是最早載入史冊的香港地名。[16] 現存不少街道原屬軍事地帶，後因地區發展，軍事設施搬移，或交回港府重新規劃，只保留街道名稱以作紀念。

清廷早在英屬以前在港島地區布置軍事設施。台灣鄭氏投降，餘部淪為海盜，香港部分地區成為海盜巢穴。清廷於康熙二十三年

13　饒玖才：《香港的地名探索》（香港：天地圖書，1998 年），頁 174。

14　周去非《嶺外代答》卷三〈航海〉有云：「三佛齊之來也，正北行舟，歷上下竺與交洋，乃至中國之境。其欲至廣者，入自屯門。」

15　香港地區位於東莞縣界內，屬南海衛，介乎大鵬、東莞兩個守禦千戶所之間。

16　證諸《新唐書》云：「有府二：曰綏南、番禺，有經略軍，屯門鎮兵。」隋代設「屯門鎮」，唐代擴大其管轄範圍，玄宗開元二十四年（736）設屯門鎮，置「守捉使」，駐兵 2,000，負責整個廣東海岸線的防衛，亦兼負捕盜賊之責，保護海上貿易。屯門鎮是中國對外交通的門戶，乃當日中國出入口的「關防」所在。詳見《新書》（卷 43），〈地理志・嶺南道海南郡〉條。

（1684）以大鵬水師營，巡駐香港境內之九龍、大嶼山、紅香爐和東涌四汛。[17] 康熙五十八年（1771），兩廣總督楊琳有見於遷界後海患未靖，[18] 遂奏請朝廷，增強廣東沿岸海防實力。[19] 香港境內共建炮台2座，[20] 受大鵬水師營游擊節制，該營則設外海艍船4隻、內河槳船五隻，及快哨船3隻，合共12隻，協助巡防。[21]

Alfred Y.K Lau 認為西營盤的地名早在英軍登陸前已存在，證諸港府習慣把故有地名重新命名，以顯示香港是英國的殖民地，彰顯其管治權。[22] 如赤柱的英文寫法沒有按照粵語音譯為「Chek Chu」，而是以當時英國殖民地大臣史丹利勳爵（Lord Stanley）而命名。

17　蕭國健：《香港之海防歷史與軍事遺蹟》（香港：中華文教交流服務中心，2006年），頁39。

18　楊琳在任期之間建炮台45座，安炮340位，營房636間。詳見蕭國健：《香港之海防歷史與軍事遺蹟》，頁29-37。

19　楊琳提出海防六策，一曰「統巡職任之宜分路也」，二曰「外洋戰船之宜添撥也」，三曰「內河哨船之宜勻設也」，四曰「水師要汛之宜添兵也」，五曰「濱海要地之宜駐官也」，六曰「遠地協將之宜屬鎮也」。詳見《清實錄》，〈聖祖實錄〉（三）（卷278）（北京：中華書局，2008年），頁729。

20　此分別是佛堂門炮台和大嶼山炮台。佛堂門分南北二堂，位於香港島東面，該炮台座落於南佛堂（今稱東龍堂）北端。現稱東龍炮台。該炮台東、南、北面皆臨懸崖，西面坡度較低，與南堂村有小路相接，北面可瞰佛堂門。炮台呈長方形，一門向西，長34米，闊23米，牆厚約3米，高約5米。雞翼角炮台位於大嶼山西南端分流岬角之高地上，俯瞰來往珠江河岸要道，極具戰略價值。其地形如雞翼，故名。清初屬行遷界，該台曾一度廢置。雍正七年（1729）再增建炮台。該地高約380呎，又名遠渡山，是船隻自西方入珠江的主要的目標。該炮台今稱分流炮台。

21　蕭國健：《香港之海防歷史與軍事遺蹟》，頁39。

22　Alfred Y.K. Lau, "An Outline of the Urban Development of Sai Ying Pun in the Nineteenth Century," *Journal of the Hong Kong Branch of the Royal Asiatic Society, Vol 35,* Hong Kong: Hong Kong Branch of the Royal Asiatic Society, 1995.

為 Stanley。[23] 但這說法明顯不成立的，原因是很多故有地名並沒有易名，如石塘咀的英文名字稱 Shek Tong Tsui。筆者推測港島英屬初期，西營盤人口稀少，房舍只得數間，所以港府不屑為該區命名。後來，該地成為軍營，由於該區位於港島西部邊陲，港府將其軍營命名為「West Point Barracks」。但是 Alfred 認為西營盤並不是由港府命名的，而且舉出有力的證據。他指出西營盤有很多英譯的名字，如果西營盤是由港府命名，那麼英文寫法理應統一。但在港府文件中卻出現不同的版本，如早期 Blue Book 將西營盤寫成 Sy-ing-poon，1857 年港府憲報 No. 69 西營盤則串成 Sei-Ying-Poon。[24] 不可忽略的是，港英官方檔案經常出現西營盤和西角共用的情況。

　　1841 年 2 月，英國海軍已經選擇在港島西部卑路乍灣附近建立海軍基地，命名為海軍灣（Navy Bay）。1841 年 4 月，海軍着手在海軍灣和西角沿岸興建軍事設施，於臨海地段 16 和 17 號建海軍倉庫（Navy Stores）。[25] 西營盤軍營位於現址薄扶林道香港大學山坡一帶，用葵棚搭建，頗簡陋。軍營靠近海岸的岬角築有炮台，以作拱衞，炮台名為西角炮台（West Point Battery）[26] 1841 年，港島道路開闢二十

23　又如石排灣不以「Shek Pai Wan」命名，而以當時外交大臣阿伯丁（George Hamilton-Gordon Aberdeen）命名。

24　Government Notification No.69, 5 May, 1857.

25　Kathleen Harland, *Royal Navy in Hong Kong since 1841*, Maritime Books, 1985.

26　蕭國健：《香港之海防歷史與軍事遺蹟》，頁 92-93。

餘里，港島第一條道路建成名為荷里活道，[27] 貫通西北部兵房和中部維多利亞兵房，主要用作軍事運輸用途。這些措施是為了強化對香港的武裝佔領，並將港島變為英國在華南的主要軍事據點，西營盤區是海陸軍駐防的軍事地帶。

按 1842 年砵甸乍地圖顯示，位於西面邊陲靠近山路旁佈防志願軍軍營（Volunteer Barracks），駐有孟加拉志願軍，在軍營北面的岬角裝有 3 座炮台（battery 3 guns）。[28] 1843 年 7 月 "Survey of the Northern Face of the Island of Hong Kong from West Point to Causeway Bay" 地圖顯示位於西部海灣清楚標明為海軍灣（Navy Bay），海軍灣東面的岬角築有炮台（battery），估計是西角炮台（West Point Battery）。[29] 炮台以南一帶為西角軍營（West Point Barracks），位置跟「1842 年砵甸乍地圖」顯示孟加拉志願軍營（Volunteer Barracks）貼近，炮台旁邊沿岸一帶為海軍倉庫（Naval Stores）。但是該地圖未能清楚交代軍營和炮台的確實位置。

1848 年 10 月繪製的地圖終於解答以上疑問。這幅地圖名為 "Sketch of Lot Applied for by Mr. Stephenson at Navy Bay"。雖略見粗陋，但清楚顯示薄扶林道前身（road to Aberdeen），尚未正式命名為

---

27 湯開建、蕭國健、陳佳榮主編：《香港 6000 年（遠古—1997）》（香港：麒麟書業，1998 年），頁 34。

28 "1842 Pottinger's Map", *Mapping Hong Kong: A Historical Atlas*, Lands Department, Hong Kong Government Printer, 1992, pp.160-161.

29 MM-0278: Survey of the Northern Face of the Island of Hong Kong from West Point to Causeway Bay, July 1843.

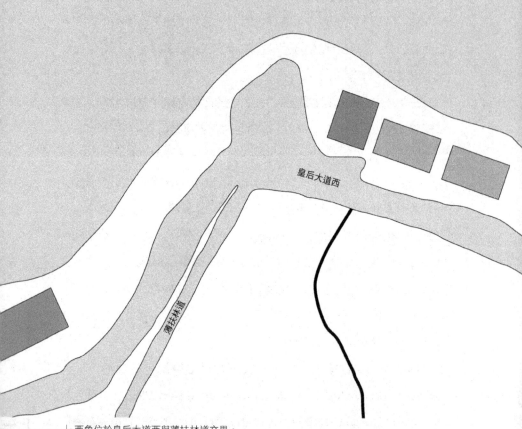

皇后大道西

薄扶林道

└ 西角位於皇后大道西與薄扶林道交界。

（參考如下圖片，重新繪製：CO129/054，"Resumption of Navy Land at West Point"，January 1856, p.99. ）

└ 西角炮台位於近西區裁判署對出的位置。

└ 西角軍營位處今近水街一帶。

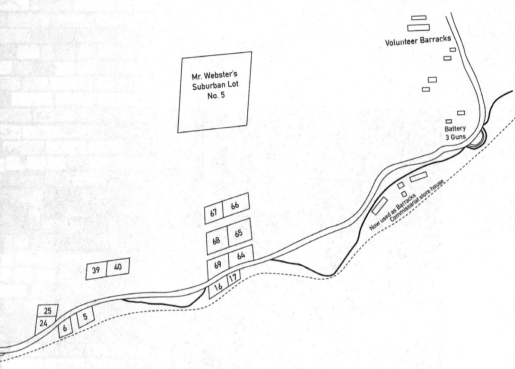

└ 1842 年砵甸乍地圖（仿繪）清楚顯示西角軍營和炮台位置。

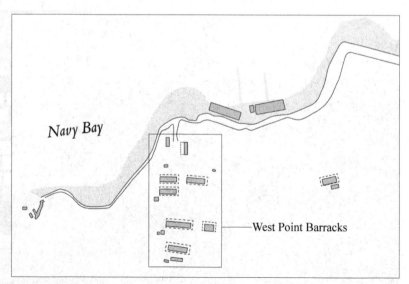

└ 1843 年地圖（仿繪）顯示西角軍營位於薄扶林道山坡上。

薄扶林道。薄扶林道山路從港島南部一直延伸至北岸，與皇后大道交界位置正好是今址西區裁判署至西區警署一帶，但未見有炮台的標誌。沿着岸邊向西進，經過海軍倉庫會發現有黑線沿山勢而下，本應該是一條小溪流，後來填平闢作水街。[30] 西營盤（West Point Barracks）正是水街以西山坡一帶，沿岸則標示為舊炮台（old battery），推斷這便是西角炮台。那麼西營盤的位置應該在今址聖類斯中學附近。

（二）西角

大部分香港人認識港島區只有一「角」，那就是北角（North Point）。「角」英文稱為 Point，意指海邊突出的小山，「都是當時港島北面海岸作船隻航行的陸上指標點」。[31] 要知道海上作業是一項危險工作。置身茫茫大海，面對氣候突變，如不能適時作出反應，隨時舟覆人亡。過去航海作業者沒有先進科技的協助下，這批航海作業者大多依靠口耳相傳的經驗和知識，相等於求生技能，克服大自然的考驗。如漁民可以製作簡單工具，協助尋找有魚群出沒的海域，識別水域的位置。[32] 他們單憑肉眼觀察海岸的地形，特別是根據石角的特徵，以

30　CO129/026, "Sketch of Lot Applied for by Mr. Stephenson at Navy Bay,(West Point)", October 1848.

31　饒玖才：《香港的地名與地方歷史（上冊）——港島與九龍》，頁 52。

32　漁民指出在沒有雷達協助航海的年代，他們會製一個鉛鑄的大錐體，此稱為水舵。水舵底部有坑紋，方便插入水底收集泥土。探測船底水下的土質，有助了解魚類在該水域的概況。如沙粒多，魚類較少在該區活動。如泥土較多，適合微生物和魚類生活。詳見拙作：《香港非遺便覽與實踐》（香港：長春社文化古蹟資源中心，2017 年），頁 100-109。

及島嶼的相應位置，從而粗略辨認身處的方向和位置，後來部分地點更演變為香港的地名。

1841 年 1 月，英軍海軍測量船「硫磺號」（Voyage），由艦長卑路乍（Edward Belcher）率領英軍佔領香港島，登陸位置就在今日上環水坑口街。[33] 其時，水坑口街尚未填平，對出已是海邊位置，稱為佔領角（Possession Point）。[34] 為了紀念卑路乍的功績，在石塘咀以西突出的岬角稱為卑路乍角（Belcher Point）。[35] 如果翻開舊地圖和政府檔案，會發現香港島過去尚有「東角」和「西角」，然而這兩個地名早已不流行，年輕一輩根本無法從地形辨識原有位置。[36] 有趣的是，港島南區沒有以「南角」命名的地方，而地名有「角」的且位處南區則是春坎角，它的位置介乎赤柱灣與春坎灣之間。[37]

根據 1842 年 "Plan of the North Shore of Hong Kong Island and Immediate Hinterland from the Vicinity of West Point to North Point"

33　詳見 E. Belcher, *Narrative of a Voyage Round the World Performed in Her Majesty's Ship Sulphur during the years 1836-1842*, Folkestone: Dawsons, *vol.2*, 1970, pp.147-148.

34　隨城市發展，水坑口改建暗渠，初期仍以 Possession Street 音譯波些臣街，後來才改稱水坑口街。

35　卑路乍角填平後變成今日之卑路乍街。

36　「西營盤的英譯（Sai Ying Pun），這是本地話的音譯，但在香港中英對照的地圖上多用（West Point）一字來與西營盤對譯，就是電車公司的路牌也是如此。這名字直譯起來該是「西角」，恰與東區銅鑼灣附近的「東角」（East Point）相對。可是東角不像七姊妹的北角，這名字並不通行，香港人都將所謂「東角」（利園山對面以至海濱）那一帶地方稱為渣甸倉。」詳見葉靈鳳：《張保仔的傳說和真相》（香港：中華書局，2011 年），頁 123。

37　明代中葉，郭棐《粵大記》載有此地名，名為春礁。按 1841 年香港島第一次人口調查，春坎（Chun Hum）描述為「荒廢漁村」，屬於無人居住的村落。

地圖在皇后大道（Queen's Road）與薄扶林山路（road to Aberdeen）交界對出的岬角的位置清楚標示西角（West Point）。[38] 英軍登陸後，為了防範清兵突襲，英軍於就近高地駐兵，進而在西面山麓建立軍營，由孟加拉志願軍軍營駐紮港島西岸，因而稱該軍營為西營房或西營盤（Western Encampment），其位置鄰近西角（West Point），所以也稱為西角軍營（West Point Barracks）。[39] 由於，英屬前港島西端原是荒蕪之地，自從英軍在那裏建有軍營，給予當地居民深刻印象，西營盤的名稱就是由此而來。西角這地名曾一度擴展為整個西區（即西營盤區）的通稱，但是當地居民仍對該區建有軍營的印象非常深刻，「西營盤」反較「西角」流行。[40]

（三）西環

夏思義認為「環」乃粵音「聚落」的意思。英屬初年，華人在港島北岸今址中、上環一帶建屋聚居，分別取名「中環」和「上

38　MA002375: "Plan of the North Shore of Hong Kong Island and Immediate Hinterland from the Vicinity of West Point to North Point", 1842.

39　蕭國健：《香港之海防歷史與軍事遺跡》，頁 92-93。

40　「英軍登陸佔領香港，當日英軍登陸樹幟紮營，即在今日西區地方。其時英人以全島山嶺林木，未經開發，惟此地據山臨海，形勢優越，乃駐軍於此。另以一軍駐於東區黃泥涌山谷。鄰近該處村落，分駐東西駐軍，成犄角之勢，可以互相呼應，可以控制東西入港兩水道。其後時勢變遷，當日陳迹已不可復覩矣。迨今日西區地方，亦稱西營盤者。殆時人以英軍駐營名其地，後人仍沿其名稱者也。」詳見馬沅編：《香港法例彙編》（卷1）（香港：華僑日報，1936 年），頁 6-7。

環」。[41] 傳統上，粵語稱聚落為村或圍村，從來沒有稱為「環」。饒玖才又有另一番的見解，認為「環」是「灣」的蜑家讀法，即海岸凹入陸地的部分。按「環」字為「灣」的轉音，原為水上人用，意義與灣字相同，但後來有認為環較灣稍闊。[42] 如銅鑼灣，粵音讀為銅鑼「環」。

王韜《香海羈蹤》：

> 香港本一荒島，山下平地距海只尋丈。西人擘畫經營，不遺餘力……沿海一帶多開設行舖，就山曲折之勢分為三環：曰上環、中環、下環，後又增為四環，俗亦呼裙帶路，皆取其形似也。[43]

歷年來專家學者對西環命名由來眾說紛紜，民間流傳亦有很多說法。有一說法稱，英屬初期，治安未靖。1866 年各環街坊倡議組織民間自衛隊，並得到港府同意，分設中環、上環、下環和西環的四

---

41 「1841 年至 1843 年間，兩組最大的小屋群建立起來，一個位於裙帶路村周圍……裙帶路的農田在磚石小屋叢中消失，不久臨海位置湧現木屋，以木柱支撐建在海灘上……1841 年中期，粵語稱此等聚落為『環』。這兩片地帶因而取名『中環』和『上環』。兩區小屋只有數年壽命，但名字倒得以留存，分別代表中區及西區。」詳見夏思義：〈細說從頭：砵甸乍以西的成長〉，石翠華、高添強編：《街角·人情：香港砵甸乍街以西》（香港：三聯書店，2010 年），頁 158。

42 饒玖才：《香港的地名與地方歷史（上冊）──港島與九龍》，頁 22。

43 馬金科主編：《早期香港史研究資料選輯》（下冊）（香港：三聯書店，2019 年），頁 450。

└ 中正街易名正街，曾經是西營盤中心地帶。

環更練館。西環並非地區名稱,而是更練分區管轄範圍。[44] 梁炳華也
認為西環的名字由來「與中西區的海岸線呈一個彎曲的形狀有關」,[45]
為方便行政分區,位於港島西部稱為西環。至於西環的範圍,蕭國健
則認為「從干諾道西至堅尼地城止」。[46] 是故,西環命名由來很難考
究,相信約定俗成之故。時至今日,西環泛指為港島西區一帶,西營
盤則為一個地區,而西角早已為港人所淡忘。

■ 第三節 ■ 張保仔與西營盤的傳說淵源

　　香港位處海上交通要衝,海灣多適合船舶停泊,區內盛產漁、
鹽、香和珠。加上海岸線漫長,島嶼星羅棋布,縣衙鞭長莫及。自古
以來,海盜為禍頗大,香港有關海盜的史蹟和傳說特別多 [47],其中張
保仔最為港人熟識。張保仔是十九世紀初著名海盜,他從一名平凡的
漁民之子,搖身一變成為縱橫四海的海盜,到後來官拜副將,一生充
滿傳奇。但香港流傳有關張保仔的史蹟大多以訛傳訛,道聽途說居

44　魯言:《香港掌故(第一集)》(香港:華風書局,1990 年第五次印刷),頁 80-81。

45　梁炳華:《香港中西區風物誌》增訂版(香港:中西區區議會,1999 年),頁 32。

46　蕭國健:《香港歷史與社會》,頁 17。

47　香港島得名由來,也跟海盜扣上關係。嘉慶年間,海盜林某與其妻香姑曾肆虐伶仃洋一
　　帶,後來為李長庚所敗。林某敗走,香姑轉而盤據香港島,故以其名字命名。許地山
　　〈香港與九龍租借地史地探略〉認為香姑的傳說實由明末崇禎年間海盜劉香演化而成。
　　縣志記載劉香入寇新安沿海地區,侵擾三年之久,新界地區自不得安寧。由於本區居民
　　對劉香的劫掠暴行印象甚深,以訛傳訛,終轉化為香姑傳說。

多。故老相傳，張保仔的巢穴在香港島分設於東營盤及西營盤，東營盤位於鰂魚涌，西營盤即今港島西部西營盤之地。[48]

（一）史書中的張保仔

張保，人稱張保仔，新會江門人，年 15 歲，隨父出海捕魚，被鄭一眾盜所擄。鄭一是海盜紅旗幫首領，橫行於南華海域。張保仔精明能幹，憑其航海技術，很快躍升為頭目。1807 年，鄭一出海遇颶風吹襲，翻船溺斃。其部下擁戴遺孀石氏（鄭一嫂）統領紅旗幫，並重用張保仔，交給他領導一隊盜船。[49] 張保仔獲鄭一嫂厚待，對石氏亦甚為恭敬，每遇要事必先稟報而後行。張保仔管束部下非常嚴格，嚴禁濫殺奸淫，賞罰分明。凡劫掠所得盡歸公庫，不敢私藏，所以深得部下信任。其後三年，張保仔率盜眾搶劫，橫行珠江三角洲一帶，其名聲蓋過鄭一嫂。嘉慶十四年（1809），清廷改變策略，改剿為撫，黑旗幫郭婆帶率先歸降。此外，巡船官軍勢力日增，截斷沿岸地區補給，使華南海盜漸覺勢孤力弱。翌年二月，張保仔派澳門醫師周飛熊代為說項，向兩廣總督百齡表達投誠意向。三月，紅旗幫歸降，張保仔獲授千總職，助清廷緝盜，嘉慶年間東南海盜之患始平。張保仔憑軍功升至守備，後官至福建同安協副將。

48　蕭國健：《香港歷史與社會》，頁 154-156。

49　《靖海氛記》載：「嘉慶十二年十月颶風，鄭一溺死。石氏領其眾，賊謂之鄭一嫂。石氏與通通，使領一隊。」詳見蕭國健、卜永堅：〈（清）袁永綸《靖海氛記》箋註專號〉，《田野與文獻：華南研究資料中心通訊》，第 46 期（2007 年 1 月 15 日），頁 2。

（二）張保仔傳說的形成及其受史家注意

從現存的紀錄推斷，張保仔傳說形成的年代應該早在戰前已開始流傳。如 1936 年，由馬沅主編的《香港法例彙編》已提到張保仔的巢穴在港島。其後，香港大學中文系主任許地山教授發表〈香港與九龍租借地史地探略〉亦支持這說法。許氏是知名的學者，因此後來主張此說者必會引用許文以茲佐證。例如，胡潔榆著〈西營盤與張保仔禍亂之平定〉：

> 而張保仔古道則據許地山先生〈香港與九龍租借地史地探略〉一文考證，謂歌賦山的山腰，即東自梅道（May Road）起，西止於旭龢道（Kotewatt Road）。[50]

1950、60 年代，張保仔傳說逐漸成形，舉例如自然洞穴都聲稱為張保仔藏寶之地；位於海邊的廟宇常指為張保仔所建，廟內更藏有秘道，或是哨站，方便監視清兵云云。至 1970 年代，葉靈鳳整理中、外檔案，考證張保仔生平軼事與香港有關史實，撰寫《張保仔傳說與真相》。葉氏於後記表示，始終無法讀得袁永綸《靖海氛記》，引以為憾。[51] 袁永綸是兩廣總督百齡幕僚，對張保仔受降前後經過知

50　胡潔榆：〈西營盤與張保仔禍亂之平定〉，載羅香林等著：《一八四二年以前之香港及其對外交通：香港前代史》（美國：中國學社，1959 年），頁 151-170。

51　葉靈鳳：《張保仔的傳說和真相》，頁 138-139。

之甚詳，因此，《靖海氛記》實是記錄華南地區海盜的重要史料。其時，每當清朝地方提及華南海盜問題，均會引用此書內容，惟內地流通極少。據聞英國倫敦大英博物館藏有一本。幸而，上世紀 90 年代初，蕭國健通過馬幼垣教授尋獲此書之影印本，加以整理，遂出版《粵東海盜張保仔》。[52] 此研究不僅有助了解清末粵東海盜問題，並為香港史中張保仔傳說作了有益的探索，就史論事，撥清迷霧。

（三）張保仔傳說在香港

傳說中的歷史人物和事件往往是有跡可尋的，它之所以能夠長流不息，大多擁有真實的歷史背景。張保仔傳說的文化載體以古蹟名勝為主，大致分為地區傳說、自然勝景傳說和廟宇傳說。民間傳說有其虛構成分，經過民眾的想像和創作，帶有解釋一些現存事物、制度和習俗來歷的功能。它對地方名勝的黏附比比皆是，部分由來已久，但缺乏文獻的記載。傳說正好提供機會，重構歷史的空白，填補民眾對地方名勝想像的空間，增加知名程度，吸引旅客尋訪。張保仔傳說正屬於此種類型，主要圍繞某處自然山水、歷史古蹟而發生的傳說，其功能是解釋它們的名稱和特徵的來歷，以及所帶來的影響。

52　蕭國健、卜永堅：〈（清）袁永綸《靖海氛記》箋註專號〉，頁 6。

（1）西營盤命名傳說及其流傳

故老相傳，海盜張保仔的巢穴在香港島，分設於東營盤及西營盤。東營盤位於灣仔以東至七姊妹道止；西營盤即今港島西部，上環以西、石塘咀以東的地方。西營盤的命名是由於張保仔在港島西部建立的巢穴，早在戰前已出現相關傳說。

馬沅主編《香港法例彙編》載：

相傳在 1806 至 1810 年即清嘉慶年間，港島為大盜張保仔之巢穴……島上高峰即今之域多利亞山巔，高出海平線 1,774 英尺，為當日盜黨瞭望偵察之要地，遇有船舶往來經過，則通訊於山下營寨，派隊出海兜截，商旅鮮有倖免。後由兩廣總督遣使招安。[53]

許地山〈香港與九龍租借地史地探略〉不但肯定此說法，更進一步推論西營盤為張保仔其中一個巢穴。另一個位於七姊妹道，名為東營盤：

西營盤以至上環，乃清朝海盜張保仔營壘，遺址在那裏也難指出。據聞張保仔有兩個營盤，東營盤在七姊妹附近，遺址也找

53　馬沅編：《香港法例彙編》（卷 1），頁 8。

不着了。[54]

此後，主張這種說法的均引為佐證，如：1947 年，魚樓〈香港初期海盜史：關於張保仔及其他〉云：「今日的香港，由電車路金魚塘起，以迄水坑口止之一地域，舊稱西營盤。當時倚山築壘，面海設守，連營相望，官兵來勦，確不易近。」[55] 文中先引用許文，並加以考察地形，藉此推論東、西營盤確實位置。張保仔盤據赤柱，因懼怕清兵從九龍半島攻來，遂增建東、西營盤，以茲拱衛。東營盤自灣仔以東至七姊妹道一帶，西營盤則自電車路金魚塘起，至水坑口止，北至高街一帶，該處近半山間築有炮台。

又如胡潔榆〈西營盤與張保仔禍亂之平定〉一文：「張保仔且嘗以今日的香港本島為其根據要地，建築營盤，欲為久守。他於港島的西端，築西營盤，東端築東營盤。」[56]

（2）傳說之檢核及釐清

1971 年，葉靈鳳以葉林豐之名，撰《張保仔的傳說和真相》一反其他掌故學者的意見，指出西營盤不可能是張保仔的巢穴。

54　許地山：〈香港與九龍租借地史地探略〉，收入《廣東文物》中冊（卷 6）（香港：廣東文物展覽會編印，1940 年）。

55　魚樓：〈香港初期海盜史：關於張保仔及其他〉，香港《星島日報》，1947 年 8 月 21 日。

56　胡潔榆：〈西營盤與張保仔禍亂之平定〉，收入羅香林等著《一八四二年以前之香港及其對外交通：香港前代史》，頁 151-170。

第一，張保仔是海盜，他的命根是海和船……在陸地上不會有營壘或是巢穴的。

第二，他當時勢力強大，根本不把滿清水師放在眼裏，所以無須要有「藏身洞」，更不會有「藏寶洞」……[57]

第三，當時張保仔所擁有武裝大小帆船，數量在千艘以上，部眾和隨船的婦孺，有兩萬多人，豈是香港這彈丸之地能夠容納得下的。再者，香港的位置太接近九龍，也不適宜作為海盜的根據地。當時九龍尖沙咀和官涌都設有炮台，香港島上的銅鑼灣一帶也有水師駐防，稱為紅香爐汛。這都是不便張保仔在這裏設立「巢穴」的。[58]

按《東華續錄》記載，官府收降盜眾超過 15,000 人，盜船逾 270 艘、大炮兵械無數。[59] 由此可見，張保仔勢力之強，「根本不把滿清水師放在眼裏」，同時帶出東、西營盤根本無法容納其船隊。不過葉氏所引史料佐證值得商榷，尖沙咀炮台和官涌炮台建於道光二十年（1839），其籌建目的是為防範英人入侵，並非針對海盜而建的。[60] 另一九龍炮台則在建於嘉慶十五年（1810），因佛堂門炮台孤處海外，島上又無村莊及居民接濟，故把駐軍及大炮移駐九龍寨城旁。相信也是在張保仔投降後才落成。另又說港島東部銅鑼灣置有紅香爐汛，海盜不敢靠近。事實上，紅香爐汛兵力有限，根本沒法與張保仔海盜對

---

57 葉靈鳳：《張保仔的傳說和真相》，頁 115。

58 葉靈鳳：《張保仔的傳說和真相》，頁 xvii。

59 王先謙：〈嘉慶十四年〉，《東華續錄》，嘉慶朝（卷 9），頁 35-37。

60 蕭國健：《香港歷史與社會》，頁 124-125。

抗。復界以後，海患未靖，清廷改墩台為汛，於九龍、大埔、大嶼山和紅香爐設四汛巡駐。[61] 紅香爐正位於銅鑼灣一帶，香港島雖有水師駐防，但僅得 10 名汛兵，以此兵力根本不足威嚇張保仔。

葉氏推測張保仔的真正巢穴是在大嶼山東涌。「當時張保仔的真正的根據地，是比香港島大了許多倍，孤懸海中的大嶼山⋯⋯主要據點是東涌，他在那裏設有修船、造船廠，出海活動一些時間之後，就回到那裏去修理船隻，補充給養」。[62] 葉氏的假設是基於史書有載，張保仔聚眾於赤瀝角，即今天香港赤鱲角國際機場所在，受到滿清水師和葡萄牙海軍圍攻，最終張保仔成功突圍。[63] 事實上，張保仔巢穴其實位於廣東與廣西交界南部海上之島嶼，中心地帶為潿洲（今廣西北海市南部）和硇洲（今廣東湛江市南部），該地孤懸海外，雖有巡海官船，因未能遠航外海，故未能追剿，於是成為海盜巢穴之最佳選址。且看《靖海氛記》記載：

> 惟潿洲、硇洲孤懸海外，往來人跡罕到，其地四圍高山拱峙，中一大渚，可容洋舶數百數。遇颶風浪滾，人於其中，自無傾覆之患，內有肥田美地、鳥獸花果草木，一仇池島也。賊遂據

---

61 蕭國健：《香港之海防歷史與軍事遺蹟》，頁 39。

62 葉靈鳳：《葉靈鳳香港史系列：張保仔的傳說和真相》，頁 xvii。

63 蕭國健、卜永堅：〈（清）袁永綸《靖海氛記》箋註專號〉，《田野與文獻：華南研究資料中心通訊》，頁 36。

之以為巢穴，凡裝船造器，皆聚於此。[64]

此外，《平海紀略》亦載：

……而潿洲、碙洲孤縣（懸）海外，遂為賊之巢穴。……凡潿
洲、碙洲各島嶼為賊所據者，公命承志與廩額、暨黃樊二鎮
軍，率偏師往悉掃蕩之……[65]

此兩書皆撰於嘉慶年間，編者也曾參與清剿，故文本所載較傳
說和掌故可信。由此可見，東、西營盤之說實誤。由於英屬前的港島
西端原是荒蕪之地，自從英軍在這裏建有軍營，給予島民深刻印象，
西營盤的名稱就是由此而來。

64　同上註，頁3。
65　同上註，頁3。

└ 張保仔是一位傳奇人物，在港留下口述傳説。現海事博物館展出《靖海全圖》，
　其中有繪出張保仔（下跪者）投降百齡。

布里治道文武廟

傳由張保仔手建

曾爲排解居民糾紛地方

【本報訊】香港常旦商道文武廟，於年華秋二祭，颇有旦神前花……

└ 香港流傳張保仔的事蹟大多是以訛傳訛，甚至上環文武廟也是他建立的。資料節錄自香港《工商日報》，1977 年 11 月 21 日。

第二章

香港開埠與
西營盤的建立

■ 第一節 ■ 開埠後港島西部的面貌

（一）1840 年代香港島西區發展概況

1841 年 1 月 26 日，英軍佔據香港島，同年 5 月 15 日《香港憲報》（*The Hong Kong Gazette*）記錄了香港島共有 16 條村落，全島共 7,450 人。[1] 人口分佈大多集中在港島南部赤柱和港島東部筲箕灣，前者有 2,000 人，後者有 1,200 人，佔港島整體人口 43%。赤柱人口位居榜首，[2] 報告以市鎮（Capital）來形容赤柱這個地方，可見香港開埠

1　Chinese Repository, Volume X, No.5, *in The Hong Kong Gazette*, May 1841, p.287-289.

2　據約翰斯頓（Alexander Robert Campbell-Johnston）的描述，赤柱只得 800 人，與首次人口調查所載的 2,000 人頗有出入。從 1842 年 *Canton Press* 的報道明確指出赤柱有 2,000 人。無論如何足證明赤柱在英屬前已是一個頗具規模的市鎮。詳見丁新豹：《香港早期之華人社會（1841-1870）》，1988 年香港大學博士論文（未刊稿），頁 15-16。

前赤柱的發展較港島其他地區優勝。[3] 港府曾計劃發展赤柱為軍政中心，證諸義律發表第一份公告亦選擇赤柱作為發表地點。後因「碇泊條件不足」，[4] 東南風猛烈；加上赤柱瘴氣甚重，染病而亡者眾，因而放棄此計劃。

　　港島西區之地名有群大路、大石下和石塘咀，人口合計不足 100 人。群大路是一條漁村，人口約 50 人。[5] 石塘咀和大石下同樣是優質石材供應地。客家人習慣稱採石地方為石塘，經常開採，逐漸形成一個石塘，其向海的一端變得窄而尖，狀如鳥嘴故稱石塘咀，[6] 它位於屈地街至堅尼地城海旁地段。大石下位於今寶翠園至屈地街海旁一帶，[7] 房屋僅有四、五間，居民以打石為業，人口約 20 人，算是西區較有規模的村落。[8] 西營盤這個地名尚未出現於首次戶口統計中，該地名是應在 1841 年 5 月後才命名。

3　「赤柱村是全島最大及最重要的村落……共有房屋及商舖 180 間……居民從事農耕、商業及醃曬鹹魚，約有農田 60 畝……赤柱的房屋規模，一般不如中國內地的市鎮，但少數卻遠比香港島任何村落的像樣。農田的土質不如香港村、黃泥涌、掃桿埔及薄扶林這些主要農耕區。」詳見丁新豹：《香港早期之華人社會（1841-1870）》，頁 15-16。

4　夏思義：〈細說從頭：砵甸乍以西的成長〉，頁 157。

5　群大路「位於今天禧利街向陸地一端的盡頭，村民耕作的農田就在現今蘇杭街和畢街。」夏思義：〈細說從頭：砵甸乍以西的成長〉，頁 157。

6　朱石年、張新霖：〈客家人對香港經濟的貢獻〉，載劉義章編：《香港客家》，頁 210。

7　1841 年卑路乍將軍率英軍登陸港島，於 1880 年在大石下附近建有炮台，稱為卑路乍炮台（Belcher's Battery）。卑路乍將軍繪出《香港和附近一帶水道圖》，將其標名為 Tysheha。二次大戰後，卑路乍炮台發展為公務員住宅，名為「寶翠園」（The Belcher's）。1990 年代寶翠園拆卸，建為豪宅。

8　夏思義：〈細說從頭：砵甸乍以西的成長〉，頁 157。

表 2.1：《香港憲報》人口記錄 *

地區		人口
赤柱（Chek Chu）：	都邑、市鎮	2,000 人
香港（Heong Kong）：	漁村	200 人
黃泥涌（Wong Nei Chung）：	農村	300 人
（亞）公岩（Kung Lam）：	石礦場，窮村	200 人
石澳（Shek Lup）：	石礦場，窮村	150 人
筲箕灣（Soo Ke Wan）：	石礦場，大村	1,200 人
大石下（Tai Shek Ha）：	石礦場，小村	20 人
群大路（Kwan Tai Loo）：	漁村	50 人
掃桿埔（Soo Kon Poo）：	小村	10 人
紅香爐（Hung Heong Loo）：	小村	50 人
西（柴）灣（Sai Wan）：	小村	30 人
大浪（Tai Long）：	小漁村	5 人
土地灣（Too Te Wan）：	石礦場，小村	60 人
大潭（Tai Tam）：	小村，近大潭灣	20 人
索罟灣（Soo Koo Wan）：	小村	30 人
石塘咀（Shek Tong Chuy）：	石礦場，小村	25 人
春坎（Chun Hum）：	荒廢漁村	無人
清水灣（Tseen Suy Wan）：	荒廢漁村	無人
深水灣（Sum Suy Wan）：	荒廢漁村	無人
石排（Shek Pae）：	荒廢漁村	無人

（續上表）

地區	人口
合共	**4,350 人**
市集商戶	800 人
艇戶	2,000 人
來自九龍勞工	300 人
真實人口合共	**7,450 人**

＊　"Chinese Repository," Volume X, No.5, *in The Hong Kong Gazette*, May 1841, pp.287-289.

（二）第一次西營盤賣地概況

　　1841 年英軍佔領港島，為防範清兵反撲，遂在港島各處駐軍，扼守要道。[9] 海軍在港島西北部卑路乍灣附近開闢軍港，命名為海軍灣。英國陸軍也在港島西北部等處建立兵營、炮台和彈藥庫。同年，英軍在港島道路開闢二十餘里，建成荷里活道，貫通西北部兵房和中部維多利亞兵房，主要用作軍事運輸用途。這些措施是為了強化對香港島的防衛，並將港島變為英國在華南的主要軍事據點，西營盤區是海陸軍駐防的軍事地帶。

　　1841 年 6 月 7 日港府宣佈香港成為自由港，允許商船自由進出，不向它們徵收任何關稅。同年 6 月 14 日移師澳門舉行第一次土

9　1841 年 3 月 23 日，英軍佔據尖咀炮台和官涌炮台，徹底解除武裝。前者被強行拆卸，磚石運往港島作建築材料，後者更慘遭炸毀。詳見蕭國健：《香港歷史與社會》，頁 3-6。

地買賣，[10] 按 1842 年砵甸乍地圖所見，靠近西營盤軍營共劃出九幅土地，其編號分別為 16 和 17 海旁地段（Marine Lot），編號 64、65、66、67、68 和 69 市區地段（Town Lot），以及編號 5 的郊區地段（Bazaar Lot），[11] 它們大概位於今址薄扶林道以東、第二街和第三街附近。[12] 由於砵甸乍地圖製作非常粗疏，地圖比例亦不符合標準，因此不能貿然斷定這些地段的確實位置。尤其是臨海地段和市區地段的編號排列並不是順方向排列，亦沒有統一的標準，這情況要等到第二次土地拍賣時才有較清晰的指引。

港府收回海旁地段編號 16 和 17，並劃作海軍倉庫（Naval Stores）。地段編號 64、65、67、68 和 69 悉數賣出，全部落在外國人手中。施其樂在 "The Growth of Sai Ying Poon" 一文，引用 1843 年 6 月 14 日市區地段表，顯示位處西營盤區編號 64 和 65 地段屬於皮巴斯（Pybus）所有，而編號 68 和 69 地段屬於仁記洋行（Gibb Livingston & Co.）。其中，曾於 1835 年至 1841 年期間廣東地區經商的英國商人韋特（Robert Webster）共投得三幅西區土地，分別是市

---

10 何佩然：《地換山移——香港海港及土地發展一百六十年》（香港：商務印書館，2004年），頁 26。

11 "1842 Pottinger's Map", *Mapping Hong Kong: A Historical Atlas*, Lands Department, Hong Kong: Government Printer, 1992, pp.160-161.

12 Carl T. Smith, *A Sense of History: Studies in Social and Urban History of Hong Kong*, Hong Kong: Hong Kong Educational Publishing Co., 1995, p.88.

區地段 66、67 和郊區地段 5 號，[13] 他明顯看好港島西區地段，並計劃在這個地方大展拳腳，施其樂稱韋特為西營盤第一個外國居民。[14]

　　根據當時的規定，投得土地者必須在六個月內，在這塊地皮上興建房屋或建築物，費用不少於 222 英鎊或 1,000 銀元。[15] 港島西區土地承購者只有韋特願意花 500 元興建了一所平房。1842 年 6 月，他再次於土地拍賣中投得海旁地段編號 15，並於稍後興建歐式建築和一些中式民居，稱之為韋特市場（Webster's Bazaar）。其時英軍節節勝利，清兵步步敗退，香港島成為英國殖民地幾乎已近事實。大局既定，外商寄望香港島將成為唯一的通商口岸，自然放膽地投資土地。挾住戰時的經濟繁榮的餘威，土地價值不斷搶高，連帶遠離城市中心的西部土地價格也被炒高。

　　1844 年 4 月，郭士立進行全港人口普查，華人總人口為 19,009人，外籍人士有 454 人。[16]1841 年人口普查，市場商戶只得 800 人。1842 年市場區開設中環街市，正式成為華人聚居的中心，市場區進一步擴展為上、中、下市場。[17] 到了 1844 年市場區人口已急升

13　根據 1841 年第一次賣地紀錄編號 5 的郊區地段由派克（Mr. Pike）持有，但是 1842 年砵甸乍地圖顯示郊區地段編號 5 由韋特（Robert Webster）所持有。這有待考證，有可能是首次買賣由韋特（Webster Robert）投得，後轉賣給派克（Mr. Pike），所以在 1843 年拍賣紀錄顯示郊區地段編號 5 屬派克（Mr. Pike）。

14　Carl T. Smith, *A Sense of History: Studies in Social and Urban History of Hong Kong*, pp.88-89.

15　馮邦彥：《香港地產業百年》（香港：三聯書店，2004 年），頁 18。

16　"Population", *Blue Book*, Hong Kong：Hong Kong Government Printer, 1844, p.101.

17　丁新豹：《香港早期之華人社會（1841-1870）》，頁 165。

至 5,902 人，增幅超過 7 倍，市場人口竟超越其他地區的總和。[18] 市場區域也大幅擴展，範圍東至卑利街，西至西營盤，橫跨中環、上環、太平山和西營盤。據施其樂研究，西營盤屬於上市場（Upper Bazaar），納入維多利亞城範圍，有 297 人居住，與其他地區出現相同現象，男女比例極不平衡，差不多是 17：1。1844 年上市場共有 220 間店舖，中市場共有 254 間店舖，下市場共有 107 間店舖，總共 581 間。相較之下，赤柱人口最多的地區，也只有 240 間房屋。因此，市場已經成為香港島華人商舖最密集的地區。[19]

■ 第二節 ■ 熱病爆發與軍營遷移

（一）香港熱病

英軍佔領港島初期，軍營並未興建永久的軍營，只用竹棚搭建臨時建築，外牆鋪上棕櫚樹葉（palm leaves），屋頂用茅草（thatched rushes）覆蓋，防熱禦寒均不太有效。每逢遇上豪雨，屋頂必定塌毀收場。西營盤軍營附近樹木叢生，氣候潮濕炎熱，夏天連日降雨，蚊蠅滋生，加上衛生設備不周，水土不服，英軍患病者極多，且死亡率極高。[20]1841 年 5 月底，西營盤軍隊飽受疫症侵擾。英國醫學界

---

18 "Population", *Blue Book*, p.101.

19 Carl T. Smith, *A Sense of History: Studies in Social and Urban History of Hong Kong*, pp.26-32.

20 蕭國健：《香港之海防歷史與軍事遺蹟》，頁 92-93。

稱此熱病為「香港熱病」（Hong Kong Fever）。[21] 英國官員視派駐香港
為畏途；更有傳言，英式俗語「Go to hell」也被改成「Go to Hong
Kong」，無論事實與否，多少反映當時英國官員「聞港色變」的心
態。[22]

　　1841 年 6 月 13 日，英國艦隊統領森豪斯（Sir H. Le Fleming
Senhouse）染病死於「伯蘭漢號」（Blenheim），他的遺體寧願選擇
在澳門東印度墳場落葬，反映英人對長期佔領港島信心不大。[23]1841
年，有 183 名士兵死亡，大部分是感染疫病致死。[24] 愛德華・克里醫
生（Dr. Edward Cree）的日記記載了「響尾蛇號」（Rattlesnake）艦長
布羅迪（William Brodie）和英軍威爾遜（Wilson）落葬於跑馬地墳
場的情況，是為最早的英軍落葬的紀錄。[25] 其中，跑馬地墳場位於港
島東部谷地，距離西營盤軍營甚遠，西營盤軍營也急需一個墳場安葬
去世軍人，但是事出倉促，只好就地草草埋葬。1842 年 6 月，400 名

21　所謂「香港熱病」實為瘧疾病（Malaria），源自意大利語「mala aria」，意謂「壞空氣」，
　　即傳統中醫視之為「瘴氣病」。瘧疾病的傳播媒介是瘧蚊，根治傳播之法在於控制蚊子
　　滋生的積水。詳見鍾寶賢：《商城故事——銅鑼灣百年變遷》（香港：中華書局，2009
　　年），頁 85。

22　鍾寶賢：《商城故事——銅鑼灣百年變遷》，頁 68。

23　馬冠堯：《香港工程考——十一個建築工程故事（1841-1953）》（香港：三聯書店，2011
　　年），頁 20。

24　Donald H. Oxley, "Headquarter British Forces Hong Kong," *Victoria Barracks 1842-1979*,
　　Hong Kong: British Forces Hong Kong, 1979, p.25.

25　丁新豹：《跑馬地香港墳場初探：人物與歷史》（香港：香港當代文化中心，2008 年），
　　頁 4。

英軍抵港，在短短半年內約 30% 軍人因疫症去世 [26]，外交部早已叮嚀時任港督規劃香港島要注意街道需預留有足夠的空間，讓空氣流通和充足光線，防止疫症傳播，並特別指示建立軍營時要注意衛生。[27]

（二）1843 年大瘟疫與西營盤軍人墳場建立

1843 年 2 月 26 日，西班牙籍聖方濟各納瓦羅神父（M. Navarro）致函請求港府撥地設置軍人墓地，[28] 安葬因病去世的軍人。同年 3 月 3 日，港府應他的要求，於軍營附近闢建軍人墳場，不幸的是正好趕及應付同年大量因熱病去世的西營盤軍人。1843 年 6 月，港府正式成立。同年 7 月至 11 月期間，香港瘟疫再度來臨，大量駐守軍隊大量染病死亡。

英軍飽受疫症困擾，這情況不獨在西營盤軍營發生，所有外國人因受不住香港的天氣和衛生環境，病死甚眾，甚至殖民地外科醫官也命喪於香港熱病，即使沒有染病的軍人身體狀態也值得憂慮。[29] 由於瘟疫嚴重，8 月初港督砵甸乍（Sir Henry Pottinger）等香港主要官

---

26 所謂「禍不單行」，1841 年 7 月 21 日颱風的吹襲，葵棚搭建海軍倉庫受到嚴重的破壞，西角軍營自不然倖免兼且暫時撤離。同年 7 月 25 及 26 日颱風再度來襲，風力雖然較之前為弱，但足以摧毀西營盤的臨時軍事設施。

27 余繩武、劉存寬、劉蜀永編著：《香港歷史問題資料選評》（香港：三聯書店，2008 年），頁 102-104。

28 1842 年，西班牙籍聖方濟各納瓦羅神父（M. Navarro）來港，是為第一任天主教司鐸。

29 劉潤和：《香港史議會史（1883-1998）──從潔淨局到市政局及區域市政局》（香港：歷史博物館，2002 年），頁 7-8。

員也被迫避居澳門，[30] 單是 6 月至 8 月期間，駐守西營盤軍營的軍人共有 100 名因熱病去世。[31] 直到 11 月疫情稍減，他們始回香港。1843 年駐軍死亡率高達 39%。[32] 當時港府輔政司麻恭中校（C. B. Malcolm）和總測量官柏德（J. R. Brid）均需留在澳門治病，而第一任華民秘書馬儒翰（John Robert Morrison）即死於此次瘟疫中。港督砵甸乍稱這場疫症為港府付出沉重代價。因疫病之緣故，該年沒有進行人口統計調查。[33]

　　1844 年 1 月 15 日，定例局正式把跑馬地列為墳場區，並下令將各地墳場遷往黃泥涌的跑馬地，而西營盤墳場仍獲保留，每墓地收費 3 元。[34] 1845 年 7 月 14 日，政府檔案交代納瓦羅神父於西營盤闢地建墳場，安葬因瘟疫去世的士兵，每年需繳付 50 元地租。[35] 筆者推測西營盤墳場只屬臨時性質，很快已找不到相關檔案資料，有理由相信政府已重新規劃該處土地。[36] 高添強認為西營盤軍人墳場位置就在今天

30　湯開建、蕭國健、陳佳榮主編：《香港 6000 年：（遠古——1997）》（香港：麒麟書業，1998 年），頁 57。

31　石翠華：〈瘟疫臨門：衛生基建投資不足的惡果〉，頁 248。

32　Donald H. Oxley, "Headquarter British Forces Hong Kong," *Victoria Barracks 1842-1979*, Hong Kong: British Forces Hong Kong, 1979, p.25.

33　湯開建、蕭國健、陳佳榮主編：《香港 6000 年：（遠古——1997）》，頁 57。

34　馬冠堯：《香港工程考 II——三十一條以工程師命名的街道》（香港：三聯書店，2014 年），頁 60。

35　田英傑編，游麗清譯：《香港天主教掌故》（香港：聖神研究中心暨聖神修院外課程部，1983 年），頁 19。

36　Sergio Ticozzi, *Historical Document of the Hong Kong Catholic Church*, Hong Kong: Hong Kong Catholic Diocesan Archives, 1997, p.12.

薄扶林道一帶。[37]

（三）西營盤軍營遷移

香港成為殖民地後，英軍對香港島的駐防重新部署。這次大瘟疫正好給予軍方一個契機，檢討現行駐港的軍事設施。軍方認為導致軍人大量染病死亡的罪魁禍首就是臨時草寮宿舍。1843 年 2 月 2 日，從軍方文件顯示，西角軍營已遭空置，然而軍方暫時不想放棄軍營土地，交回港府，以待日後用作其他軍事用途。[38] 1843 年 6 月 28 日，首任香港皇家指揮及監督工程師愛秩序（Edward Aldrich）提交軍事建築藍圖，選取金鐘為軍事地帶（Ordnance Ground）。[39] 1843 年，三軍總司令德忌笠（D' Aguilar）上任，評估駐港軍隊的情況，發覺他們普遍士氣低落，身體狀態非常差。其中，提到第 55 團部隊的問題尤其嚴重，隨時有「消失」的危機，於是德忌笠批准他們返國養病。[40] 由此推斷，1843 年 7 月西營盤軍隊已遷離西角軍營避疫，待疫情稍為平息，西角軍營已倒塌，遂有計劃在港島中區建立永久性的營

37 高添強：〈香港墳場史略〉，載張燦輝、梁美儀合編：《凝視死亡──死與人間的多元省思》（香港：中文大學出版社，2005 年），頁 218。

38 CO129/10, "Removal of the Barracks from West Point", 26 July 1843, pp.637-638.

39 馬冠堯：《香港工程考 II──三十一條以工程師命名的街道》，頁 49。

40 Donald H. Oxley, "Headquarter British Forces Hong Kong," *Victoria Barracks 1842-1979*, p.25.

房名為美利兵房。[41]

■ 第三節 ■ 　從城區到郊區：西營盤走過的幽暗歲月

　　南京條約簽訂後，面對軍隊撤離和五口通商等因素，香港繁榮
彷彿曇花一現。洋商面對很多不明朗的因素，大都歸咎於新成立的港
府未能發揮應有的角色。部分外商開始意興闌珊撤資回國。1843 年
5 月，韋特刊登廣告出租其物業，同年他結束了在港商務返回英國。
1849 年韋特逝世，其遺囑代理人將本港物業交還給港府。華民秘書
和翻譯官郭士立（Rev. Karl Friedrich August Gutzlaff）發表 1844 年
香港貿易報告載：「香港貿易出現的情況，比最感失望的商人所做的
估計還要糟。」[42] 郭士立指出香港華商多屬小商戶，從事貨品買賣為
主，根本沒有足夠資本投資在轉口貿易上。[43]

　　1845 年，西營盤正式納入郊區，這情況一直維持到 1857 年，
西營盤才重新納入維多利亞城版圖。1845 年西營盤的村落有 35 間房
屋，19 間店舖，以售賣鹹魚和家庭用品為主。短短一年之間，店舖

41　1845 年，位於今中區政府合署之美利炮台建成，台上安置 24 磅炮六門，及 10 吋臼炮三
　　門。翌年，今威爾斯親王大樓前廣場之皇家炮台，及司令大樓、美利軍營、與北營房等
　　相繼落成……1950 年，位於美利軍營東面的域多利軍營和威靈頓軍營亦建築完成。詳
　　見蕭國健：《香港之海防歷史與軍事遺蹟》，頁 86。

42　盧受采、盧冬青：《香港經濟史》（香港：三聯書店，2002 年），頁 86。

43　丁新豹：《香港早期之華人社會（1841-1870）》，頁 154。

數量急劇減少 20 間。有一說法是西營盤處於華人聚居之地最西邊的位置，不利營商。筆者認為這跟西角軍營（West Point Barrack）東移有莫大關係。商人看準英軍需備辦糧油、食品和雜貨，於是就近開設商舖。西營盤的店舖原為當地軍人提供日用品，軍營搬遷店舖流失大量顧客，對當區造成重大的經濟打擊。店舖紛紛結業，部分可能東移至上環或太平山繼續經營。

1845 年 12 月 12 日拍賣西角土地，總共有七幅市區地段和八幅臨海地段，它們位置在皇后大道西，橫跨今址東邊街和正街地帶。每個地段面積平均 2,500 平方米。[44] 其中，都爹利（George Duddell）投得臨海地段 60 和 81 號。[45] 但在官商各界對經濟前景普遍悲觀的情緒籠罩下，地主拋售地產，有些商店倒閉，他的投資夢很快便破碎了。1849 年，都爹利向土地委員會提交一份房地產投機的報告書，回顧這次慘痛的投資經歷，他用原價兩倍購買土地，但一年內所有房客都搬走，且受到流浪漢搶劫，他還要僱用更練看守這個地方。[46]

從 "Sketch of Lot Applied for by Mr. Stephenson at Navy Bay" 所

44　Carl T. Smith, *A Sense of History: Studies in Social and Urban History of Hong Kong*, Hong Kong: Hong Kong Educational Publishing Co., 1995, pp.91-93.

45　都爹利是一名典型土地買賣的投機者。1845 年都爹利投得鴉片專利權。1849 年他擁有25 塊土地，所交地租 621 鎊 17 先令 10 便士，後得何科夫（Charles Holdforth）賞識，從事拍賣。1850 年都爹利是雪廠的代理、維多利亞戲院的東主和拍賣人。同年，投得全港採石牌照，但始終不敵華人壟斷局面，一年後離開採石業。1858 年 7 月都爹利返回英國，在港物業給那伯（Douglas Lapraik）托管。引自馬冠堯：《香港工程考——十一個建築工程故事（1841-1953）》，頁 31。

46　施其樂著、宋鴻耀譯：《歷史的覺醒：香港社會史論》（香港：香港教育圖書公司，1999年），頁 249-250。

示，雖見地圖製作粗疏，比例大小有失準繩，但清晰標示有一個臨海地段屬艾遮（Edger）所有，興建了貨倉；另有一幅靠山的地段亦為艾遮所有，建有一個平房，人稱艾遮平房，位置在今佐治五世公園。艾遮平房以西的臨海地段是在 1845 年拍賣的，地圖卻標出取回（resumed）的字眼，而韋特平房的業權已交回港府，因乏人打理而受到天災人禍的破壞（ruin）。即使西角軍營也同樣遭到嚴重的破壞，變得頹垣敗瓦。[47]

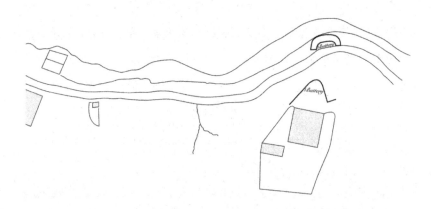

└ 艾遮炮台位於今近佐治五世公園。

47　CO129/026, "Sketch of lot applied for by Mr. Stephenson at Navy Bay,（West Point）", October, 1848.

小結

第一次鴉片戰爭，清廷戰敗，割讓香港島。西營盤位於港島西北部，初為英軍駐紮之地，發展卻未如理想。1840 年代港府成立不久，放棄了原先城市規劃，集中發展港島西北岸的中環，成為維多利亞城的中心。其時，西營盤屬鄉郊地區，除了海軍和外商的倉庫外，人口稀少。1840 年代後期可算是西營盤的黑暗時期。1846 年華人開設的店舖稍微增至 27 間 [48]，但當地經濟活動始終不勝往昔，連帶外國人在西營盤的投資亦受到波及。1847 年西營盤有 29 座建築物，其中兩座是空置的，而這些建築物所屬地段並未經過土地拍賣，有可能是霸佔得來的。

---

48 "Population", *Blue Book*, Hong Kong: Hong Kong Government Printer, 1844, pp.144-145.

└ 香港佐治五世公園現貌。

維城下的
受挫與再生

■ 第一節 ■ 西營盤之重生

　　2007 年，香港中文大學建築系田恆德、胡佩玲和乙增志教授聯
同長春社文化古蹟資源中心，舉辦了名為「西營盤城市組織的轉化
1850-2007」展覽，從建築學角度，以西營盤的中心地帶：東至東邊街、
西至西邊街、南至高街、北至德輔道西作為研究對象，探討西營盤城市
組織的演化的過程。是次展覽，將西營盤的發展分成四個歷史階段：[1]

第一階段：開拓西營盤（1850-1870 年）

第二階段：過渡時期（1945-1961 年）

第三階段：分崩離析（1972-1988 年）

第四階段：市區重建開始（1988-2007 年）

1　田恆德、胡佩玲、乙增志：〈發展或是破壞？西營盤的變遷〉，石翠華、高添強編：《街
　　角‧人情：香港砵甸乍街以西》，頁 172-187。

　　如果從歷史發展來看，1851 年至 1857 年是西營盤重要成長的重
要階段。它再次受到港府的青睞，基建和道路規劃逐步展開。1857
年西營盤納入維多利亞城，開發為華人社區的里程碑。事實上，1850
年代初香港發生了幾件大事，催化城市核心向西移，加快西營盤從郊
區轉化為市區的步伐，這些事件都不是有計劃地進行，而且出乎港府
意料之外。

（一）寶靈填海計劃受挫

　　1856 年，寶靈（John Bowring）推出新的填海計劃，史稱「寶靈
填海計劃」（Praya Reclamation Scheme），計劃在政府山以北的海旁
向東伸展到東角，興建長約 4 哩、闊 50 呎的海旁大道，稱為寶靈海
旁（Bowring Praya）。同年 2 月 25 日港府成立專責委員會，[2] 就有關填
海工程進行諮詢，蒐集各持份者的意見。[3] 「寶靈填海計劃」普遍受到
華商的支持，並願意承擔填海後所屬地段的額外費用。同時，政府亦
順利與部分外籍業主達成協議，支持這次填海計劃。

　　填海工程最大的阻力源自海旁地段業主，其中兩間英國寶順洋
行（Dent & Co.）和林賽洋行（Lindsay & Co.）佔地最廣，所需負擔
的費用最多，因而表示反對。事緣 1841 年第一次賣地，劃出來臨海

2　專責委員會成員包括律政司安斯德（Attorney General, Thomas Chisholm Anstey）、工
　程師加柏（Engineer, William Cowper）、及代總量地官包亞（Acting Surveyor General,
　Julius Charles Power）。

3　何佩然：《地換山移──香港海港及土地發展一百六十年》，頁 51。

地段的海旁深度及彎度存在差異，政府允許業主按照實際情況修築海旁邊界，結果引來許多臨海地段業主以平整海旁為由私自填海。[4] 為了堵塞這個漏洞，到了第二次公開拍賣土地，港督砵甸乍申明新填土地的業權隸屬英皇所有，私人不得佔有[5]，然而第一次拍賣的土地豁免此限制。[6]

持有臨海地段的洋商密謀反撲，其中持有 3、4、5 號海旁地段業權的寶順洋行顛地（John Dent）指出，1841 年第一次買地時已清楚劃定地段範圍，並堅持擁有海旁的業權。1859 年 2 月 4 日，顛地身兼定例局成員（Legislative Council）在會議上大力反對填海計劃。由於寶靈海旁計劃過於龐大，涉及的資金過大，而且直接影響臨海地段商行的利益，部分英商洋行大班更直接向英國政府打小報告。港府早期收入不穩，沒有足夠的資金，如果沒有得到臨海地段洋商的支持，根本無法獨力推行填海工程。

最終寶靈接納顛地的意見，寶靈計劃無限期擱置。[7] 港府為增加

4　CO129/61 "Emigration Office to Treasury", 30 July 1856.

5　"Report of the Bowring Praya Commission", *Supplement to the Hong Kong Gazette*, Vol 1, No. 43, 22 April 1856, p.2.

6　亦因如此，政府不但無法收回新填海後土地的業權，更不能就新增土地徵收地稅，1844 年 3 月 4 日砵甸乍甚至嘗試減少新填土地的地稅，誘使業主申報新填土地面積，結果不得要領。

7　CO129/76, "Proposed Minute of Protest Against the Bowring Praya", 10 December 1866.

土地供應退而求其次發展港島東區和西區，前者為**寶靈城** [8]，後者為西營盤。**寶靈城**填海工程卻意外地獲得洋商的支持，原來他們早有意欲開發黃泥涌的谷地，填平作馬場。如今港府率先出手，自然沒有反對的理由。[9] 至於西營盤的開發過程則不及**寶靈城**那樣順利，今次對手不再是洋商，也非華商，而是勢力龐大的在港英軍。

（二）軍方的阻力

隨人口急速上升，商業用地需求甚殷，其中臨海土地最為缺乏。1850 年代，港府看準西營盤海岸地段，認為這個地區有可能發展新的轉口貿易基地，吸引具有一定經濟能力的商人長居做生意，故有必要討論重新發展部分西營盤空置的海軍用地。中上環商業用地已見飽和，港島的土地嚴重不足，影響商人投資意欲。有見及此，港府有必要採取果斷措施，提高土地供應量，故曾與軍方多次協商，期望收回軍事用地，轉變為商業用地，改善當時華人擠迫的生活環境，吸引更多商人來港投資，藉此增加庫房收入，減輕英國的財政負擔。

8　當時黃泥涌村中仍有水澗沿山流下，經跑馬地及山谷低地流入大海，由於這水流既長且窄，遂被時人稱為「鵝澗」。每逢雨季，鵝澗水量增加，加上從摩理臣山、鵝頭山流下的雨水，令黃泥涌一帶時常遍地泥濘，容易滋生蚊患。於是，寶靈命人拓闊鵝澗，填高堤邊一帶，形成一條運河稱為「寶靈運河」（Bowring Canal）。填高的土地則稱為「寶靈城」，位置就在今堅拿道東和今堅拿道西一帶。詳見鍾寶賢：《商城故事——銅鑼灣百年變遷》，頁 87。

9　夏歷：《香港東區街道故事》（香港：三聯書店，2006 年），頁 93。

　　事實上，在港的軍方勢力非常強大。表面看來，港督在香港是英國宗主的全權代表，總攬行政和立法大權，甚至 1859 年以前港督兼任駐華商務總監。[10] 然而港督受命於外交部，聽命於殖民地部大臣，名義上港督雖稱駐港英軍總司令，但想調動軍隊絕非易事。英軍佔領香港島，率先霸佔了港島很多有利的位置，其中包括西營盤一帶，他們擁有的資源比港督還要多。[11] 西營盤用地的爭議最終交由殖民地外交部仲裁，最後判港府勝訴，並支持港府應該大力發展西營盤，不單在沿岸拍賣土地，並重新規劃街道，製造更多土地配合市場的需求。海軍最終妥協將海軍灣的設置遷移到今金鐘一帶，空置出來的地皮則公開拍賣，一方面增加政府收入，更重要是容納更多移民有地方居住和謀生。[12]

（三）西營盤地區之形成

　　自 1843 年港府成立，規劃香港島分為維多利亞城（Victoria city）和郊區（village）。維多利亞城代表着香港的城市核心區域。城市的

10　就憲制而言，港督比英國首相更少受到英國立法及行政機關的約束。加上，香港與英國之間地理上的距離，港督理應享有相當自由度施政。

11　證諸如首三任的港督都沒有自己的府第，延至 1856 年港督府才正式落成，相反陸軍總司令早於 1844 年已有自己的「司令總部大樓」。這種情況同樣發生在 1860 年，英軍佔領九龍，軍方企圖把整個九龍劃作軍事地區。1880 年代，英軍擁地 337 英畝。十九世紀末英海軍在中環開築海軍區，造成港島北岸交通「樽頸」，因而迫使第七任港督堅尼地建築堅尼地道，以紓緩交通擠塞。凡此種種均可說明軍方勢力龐大，強如港督對軍方也無可奈何。詳見拙作：《香港島西營盤區之發展——從軍營到市鎮（1841-1903）》（香港：香港珠海大學中國歷史系，2013 年，碩士論文未刊）。

12　林友蘭編：《香港史話》（增訂本）（香港：香港上海印書館，1985 年），頁 36。

經濟命脈依靠着商業貿易，郊區則有不同，主要是第一類型的經濟產
業，包括是農業、採礦業和漁業不等。[13] 維多利亞城的命名是為了紀
念 1837 年登基的維多利亞女皇，其範圍因着 1850 年代開始的工程，
沿港島北岸向東、西兩邊伸展，加上港島郊區人口增加，漸漸趨向城
市化。[14]

　　1854 年，文咸決定將堅道西延長建成般咸道，並連接原有薄扶
林山路，加以擴闊為薄扶林道。1857 年 5 月 5 日港府刊憲，港島劃
分九大區域（district），包括維多利亞城、筲箕灣、石澳、大潭篤、
赤柱、香港、香港仔和薄扶林。維多利亞城屬於市區，內分七約
（Sub-district），東西範圍為西角石礦場至東角銅鑼灣天后廟。何謂約
呢？約是管理單位，有約束之意，將維多利亞城分為不同的約，原意
是有效掌控人口分佈及就業情況。港島北岸最初只劃分「七約」，而
上、中、下三環，則為七約內其中三約之名稱，而非約外之區域。迄
至 1860 年，般咸道與皇后大道之間的街道網絡基本規劃完成。[15]

13　維多利亞城城市人口密集的情況，在 1840 年代已反映出來。根據 1841 年《中國叢報》
　　的報道，港島城市人口佔 11%，鄉村人口高達 58%，但到了 1851 年維多利亞城的人口
　　已超越鄉村；1861 年維多利亞城人口超過鄉村 6 倍。

14　有歷史研究者認為維多利亞城的邊界是子虛烏有，只有紀念意義，沒有實際的功用。筆
　　者不同意這說法。維多利亞城的界限最大功能是劃分城市和郊區的區域。

15　夏思義：〈細說從頭：砵甸乍以西的成長〉，頁 164。

第一約： 西營盤 Sai Ying Poon

第二約： 上環 Sheung Wan

第三約： 太平山 Tai Ping Shan

第四約： 中環 Choong Wan

第五約： 下環 Ha Wan

第六約： 黃泥涌 Wong Nei Chung

第七約： 掃桿埔 Soo Wan Poo

　　我們更可以從這份 1857 年政府文獻中看到維多利亞城七約的界線，西營盤的地界西至交椅灣村（Cowee-Wan），東至環形大樓（Circular building）及文咸街所有建築物，當中包括船政廳（Police Boat Station），即今址西港城位置。[16] 1858 年，西營盤的街道基本上已完成擴闊般咸道和薄扶林道的道路工程。[17] 同年，石塘咀納入維多利亞城。[18] 城市人口增長的幅度不斷上升，穩佔總人口的 51% 至 67%，較鄉村或水上人口為多，而鄉村及水上人口佔總人口的比率更有不斷下降的趨勢。維多利亞城內又以太平山、中環、上環所佔人口比重最大，而華人主要聚居的太平山和上環一直有穩步上升的趨勢。

16　*Government Notification*, No.69, 5 May, 1857.

17　CO129/77, "Office of Surveyor General Estimate of the Expense Necessary to Be Incurred for the Streets in Suburbs, East and West", 1 March 1860, pp.358-363.

18　1858 年維多利亞城範圍包括石塘咀、西營盤、太平山、上環、中環、下環、黃泥涌和掃桿埔八約。詳見 "Return of the Population and of the Marriages, Births and Death", *Blue Book*, 1858.

（四）甲戌風災中的西營盤

　　1874 年 9 月 22 日，香港經歷開埠以來最強烈的颶風吹襲，到了 24 日颶風掀起了高達數丈巨浪，浸沒不少沿岸地區的樓房。其時天文台尚未成立，香港在毫無預警的情況下正面受到颶風吹襲，死亡人數高達數千人，沉船 185 艘，外洋輪船 35 艘，損毀船隻 455 艘，財物損失 500 萬元。

　　按《申報》對當年颶風的描述：「氣鼓盪之聲有如排鎗齊放、又如萬炮並轟、蛟龍舞於天、虎豹嘯於野、萬眾叫呼、海水沸湧、髣髴昆陽雷雨，屋瓦盡飛，港內灣泊之船無一不遭損害，本邑有如被大敵攻陷以大炮轟洗。」[19]

　　當時，新落成的聖約瑟堂被摧毀，筲箕灣和油麻地天后廟被吹塌，興建不足十年的昂船洲監獄全毀，史稱甲戌風災。[20]1880 年昂船洲發現遺骸百餘具，東華醫院當屆主席招雨田及總理聘請工人，撿拾骸骨，港督軒尼詩捐出薪俸，並於香港島雞籠環墳場建成義塚，定名為遭風義塚。1959 年墳場停用後，義塚遷至粉嶺和合石墳場。[21]

　　西營盤的中心地帶受風災破壞最為嚴重，包括：第一街、第二街、高街和炮台道等多間樓宇塌毀。餘樂里原有 1 至 25 號，接近一半房屋摧毀。整座醫院遭受颶風嚴重破壞，屋頂和陽台損毀嚴重，被

19　〈述香港遭風慘變〉，《申報》，1874 年 9 月 30 日。

20　黃競聰：《香港島西營盤區之發展——從軍營到市鎮（1841-1903）》，頁 125-126。

21　東華三院：《東華三院百年史略》（上冊）（香港：東華三院，1970 年），頁 179。

迫重建。醫院暫時遷至荷李活道一所空置酒店繼續提供醫療服務。[22]

表 3.1：西營盤房屋摧毀情況 *

街道	街號
第一街	55, 74
第二街	51, 53, 57, 58, 59, 60, 61, 62, 63, 64, 65, 66, 67
第三街	1, 3, 5, 7, 8, 9, 10, 11, 12, 13, 14, 18
高街	2, 3
餘樂里	1 至 12
炮台道	1, 3, 5, 7, 52

* "Captain Superintendent of Police to Colonial Secretary", *The Hong Kong Government Gazette*, No. 168, 17 September 1874.

　　西營盤海旁地段損毀嚴重，政府遂於 1875 年提議，以西環山道為起點向東伸延至掃桿埔一帶的沿海地段修築海堤，並於東邊街至西邊街海旁一帶行填海工程，但計劃一再受資源不足影響，無法全面推行。甲戌風災後，港府開始構思在港島西進行大規模填海，惟經費不足，加上海旁業主及軍方爭拗沿海土地業權問題，計劃一直未得到落實。[23] 後來，英軍讓步，使造地工程伸延至西環的卑路乍街以北，經過多年的填海工程，皇后大道西以北當時稱為海旁大道，後稱為德輔

22　*The Hong Kong Government Notification*, No.255, 21 May 1883.

23　何佩然：《地換山移──香港海港及土地發展一百六十年》，頁 56-57。

道西的大街，基本上已是透過填海建成。

（五）西營盤以西之發展

　　自西營盤重新規劃為華人社區，不少基建陸續在港島西區興建，如第一所煤氣廠房設在今址石塘咀屈地街。[24]1866 年，維多利亞城增至九約：第一約石塘咀、第二約西營盤、第三約太平山、第四約上環、第五約中環、第六約下環、第七約灣仔、第八約寶靈頓和第九約掃桿埔。[25]按 1870 年差餉紀錄，西營盤的界線東至今址上環市政大廈，西至水街，南至般咸道，北面至海旁西（Praya West）。[26]港府當初的如意算盤是希望多些商人進駐西營盤，成為高級住宅區，所以在規劃西營盤街道的過程中，已修築標準的海旁路橫跨所有海濱地段。街道變得寬闊，並且採用矩形網格規劃。西營盤的區段位處愈高，面積愈大，目的是讓有錢人住在較高的位置，專供興建寬敞的歐式住宅單位。

　　西營盤納入維多利亞城後，臨海地段受華商歡迎。他們投放不

24　1862 年香港中華煤氣有限公司（The Hong Kong and China Gas Company Limited）在英國正式成立，並獲得提供中央管道燃氣（煤氣）生產、輸送及供應的專營權。1864 年皇后大道已鋪設長達 24 公里的燃氣管道和 500 盞煤氣街燈，為當時的香港大酒店、怡和洋行和屈臣氏藥房供應煤氣作照明用途。

25　何佩然：《地換山移——香港海港及土地發展一百六十年》，頁 64。

26　東面至文咸大街（Bonham Strand）臨海地段 89 號，即是當時文咸大街 131 至 143 單數街號，位置約在今址上環市政大廈。北面至海旁西（Praya West）即後來修建的德輔道西，該處已屬臨海的地帶。西面至炮台道（Battery Road）地段 800 和 801 號，即止於水街。炮台道今已一分為二，分別歸入皇后大道西和第三街。南至般咸道地段 608 和 692-694、760、609b、591 和 609d 號，即當時街號 1、2a、3、4、8、10、11 和 12 號。

少資金開發這個新拓展區域。1868 年皇后大道西和海旁西之間的土地售出，用作貨倉用途，約 1870 年貨倉悉數落成。[27] 市區人口逐步遷移到西營盤、石塘咀和下環。為了進一步滿足新來港的華人對土地需求，第七任港督堅尼地（Arthur Edward Kennedy）於 1878 年加緊開發港島西端地區，積極填海造地，軍事設施亦進一步西移。[28] 這新開發地區重新命名為堅尼地城，地價相對便宜，遂吸引商人開設工廠、倉庫和碼頭[29]，包括得到當時香港三大富商的支持，分別是九龍倉公司（Hong Kong and Kowloon Wharf and Godown Co.）的保羅遮打（Catchick Paul Charter）、禮興號李陞家族和沙宣（Mayer Sassoon）。他們均看好堅尼地城的未來發展，投入大量的資金購入堅尼地城的土地[30]，並興建卑路乍街前往該區。[31]

　　1885 年 10 月 10 日港府刊憲，堅尼地城納入維多利亞城的範

27　夏思義：〈細說從頭：砵甸乍以西的成長〉，頁 164。

28　石塘咀以西的地區在未發展前曾有一條小村，名為大石下，村民以務農和打石為業。隨着港島西部開發至西營盤，大石下早已成為荒村，由於位處偏僻，只淪為傾倒垃圾的地方，故稱為垃圾灣（Lap Sap Wan）。詳見何佩然：《地換山移——香港海港及土地發展一百六十年》，頁 58-59。

29　玻璃工廠於 1884 年開辦，繩索工廠於 1885 年建立。

30　1877 年遮打在堅尼地城重置屠房，擴展皇后大道西向西的道路，並興建屠房和牛房，其中牛房更三度擴充。為了表彰遮打對堅尼地城的功勞，把當區要道以其名字命名。李陞則買下船廠。

31　三位富商開闢卑路乍街，承諾這條新道路不會構成卑路乍炮台的防衛問題。詳見夏思義：〈細說從頭：砵甸乍以西的成長〉，頁 167。

圍，西營盤變成第三約，維多利亞城的界線基本上穩定下來。[32] 同
年 7 月 13 日，遮打重新提出海旁填海計劃，並取得政府及商人支
持[33]，1889 年，中西區開展大規模的填海工程，範圍西起至西環的煤
氣公司，東止於美利碼頭（Murray Pier），全長約 3,400 碼（10,200
呎）。[34] 填海後，新增的土地大大紓緩人口急增的壓力，商人更有意
欲在中、上環新填海地段經營業務，無形中減低了堅尼地城的土地吸
引力。加上，港府沒有考慮到堅尼地城交通配套，始終擺脫不了城市
邊緣的角色。很多厭惡行業和公共設施相繼於堅尼地城設立，屠房、
豬羊欄和傳染病醫院等，周遭居住環境惡劣，街道充斥各種臭味，令
人望而卻步。[35]

32　1887 年，堅尼地城填海工程基本完成，1897 年遮打爵士自資興建了一條環島公路，連
　　接堅尼地城與薄扶林，以慶祝英女皇維多利亞登基 60 週年，初命名為維多利亞慶典
　　路，後改名為域多利道。詳見鄭寶鴻：《港島街道百年》（香港：三聯書店，2012 年），
　　頁 50。

33　為安撫臨海地段的業主，填海後他們可以繼續擁有臨海地段，部分地段的編號會保留在
　　新的臨海地段，原有的土地則重新編號。舉例：Marine Lot 93 和 Marine Lot 94 地段遷
　　至介乎德輔道西與干諾道西之間，原來地段則改為 Inland Lot 1262 和 Inland Lot 1247。

34　預計填海新增的土地可蓋建樓房 1,320 幢，供應 39,000 人口居住，紓緩中西區人口過
　　度密集的壓力，改善市民的衛生環境。何佩然：《地換山移──香港海港及土地發展
　　一百六十年》，頁 73。

35　梁炳華：《香港中西區風物誌》增訂版，頁 45。

■ 第二節 ■ 影響深遠的鼠禍

（一）1894 年鼠疫

香港鼠疫起源於雲南。1893 年，鼠疫自雲南輾轉蔓延至廣西，翌年 3 月開始在廣州市爆發。到了 5 月 8 日，西營盤國家醫院確診第一宗鼠疫個案，兩日內太平山區已約 40 人死亡。1894 年 5 月 11 日，港府正式宣佈香港成為疫埠，禁止染病者離港。當時鼠疫傳播迅速，群醫無策，人口死亡甚眾，最高峰期一天的死亡人數曾高達 109 人，單在 1894 年共奪走 2,552 人的性命，死亡率高達 95%。[36] 鼠疫爆發後一個月，差不多三分之一在港華人離港，返回家鄉。[37]

自 1850 年代太平天國之亂後，大批華人陸續湧入西營盤，新建房屋擠滿了住戶，衛生環境日見惡劣。基本上，華人居所的密度是沒有明顯規管。過份擠迫的居住環境導致空氣流通不足，使疾病傳播率大大提高。1882 年，英國殖民地部（Colonial Office）英軍工程師查維克（Osbert Chadwick）提交《查維克報告書》（Mr. Chadwick's Reports on the Sanitary Condition of Hong Kong with Appendices and Plans），明言香港華人居住環境出現重大問題，必須盡快改善公共環

36　"Correspondence Relating to the Affairs of Hong Kong 1882-1899," *British Parliamentary Papers, China Vol. 26, Shannon*: Irish University Press, 1971-1972, p.155.

37　湯開建、蕭國健、陳佳榮主編：《香港 6000 年（遠古—1997）》，頁 256-257。

境衛生，並提出多個重要建議，但當局沒有全盤採納建議。[38]1890 年政府報告指出，西營盤的人口密度超乎負荷，華人房屋的採光和通風情況很差。總醫務官多次提醒港府需要盡快採取果斷措施，否則會導致疫症爆發。

　　1894 年香港鼠疫爆發，西營盤的感染人數雖遠不如太平山區那樣嚴重，該區需要移平房屋以絕疫病傳播，但是西營盤第一街、第二街和第三街的災情同樣嚴峻。經過調查後，發現病源來自老鼠的蚤，惡劣的衛生環境才是導致大規模爆發的元兇。1894 年 8 月 15 日，勞信醫生（Dr. Lowson）致函港府，提及西營盤的公共廁所位置通常非常靠近民居和商店，附近均曾出現鼠疫個案的大規模爆發，批評港府只查封和消毒受感染的民居，而附近環境惡劣的公共廁所則沒有進一步跟進，以致鼠疫仍然纏繞不斷。[39]常豐里是當時鼠疫的重災區，居住這地帶的苦力幾乎都病而死去，附近的公共廁所卻如常開放。公共廁所鄰近人流密集的西營盤街市，其旁邊就是肉販攤檔，傳來陣陣惡臭，令人側目。

38　劉潤和：《香港市議會史 1883-1999：從潔淨局到市政局及區域市政局》（香港：歷史博物館，2002 年），頁 15。

39　經營公廁是一門賺錢生意，居民使用廁所需要付費，糞便亦可出售圖利。公廁設有間隔，但隔板並不到頂，每個間隔都備有類似座位的平台，下面放置木盆，用來盛載排泄物，另備有粗陶壺，用作收取尿液。初期公共廁所全屬男性專用，女性通常只會在家居解決「生理需要」，排泄物由夜香郎或夜香婦移走，時間不定，視乎用戶願意花費多少，一星期收集兩次服務費約每桶 1 角至 1 角 5 分，排洩物送到垃圾灣（堅尼地城），再由小艇運到廣州作肥田料。引自石翠華：〈瘟疫臨門：衛生基建投資不足的惡果〉，石翠華、高添強編：《街角‧人情：香港砵甸乍街以西》，頁 259-260。

（二）原區醫療和原區隔離

1902 年，英國善臣教授（Professor W.J. Simpson）與查維克（Osbert Chadwick）訪港調查鼠疫，他們建議把維多利亞城和九龍劃分為衛生區域管理，並成立衛生及鼠疫專責部門，統合資源對抗鼠疫。1896 年，醫務局將維多利亞城劃分八約，第七約為西營盤，翌年增至十約，西營盤為第九約。[40] 更重要的是，善臣教授提議細分小區，交由「街坊」（kai-fong）領袖參與防疫工作。1903 年，港督卜力（Henry Arthur Blake）眼看疫情始終未能平伏，棄屍街頭的現象反而大幅颷升。同年 4 月 13 日，卜力巡視西營盤後，宣佈在該區成立「街坊會」組織，由「街坊會」領袖帶領抗疫工作。這是一次史無前例的防疫政策試驗，名為「原區醫療和原區隔離」（Treatment of patients in their own houses and in local hospitals），試驗的範圍：南至第三街、北至第二街、東至東邊街，西至西邊街。[41]

自 1903 年 4 月 20 日，西營盤試驗區在短短三個月內共發現 35 宗鼠疫。4 月 22 日，圍封區內 6 棟房屋進行大規模清洗工作。[42] 常豐

---

40 何佩然：《城傳立新：香港城市規劃發展史（1841-2015）》（香港：中華書局，2016 年），頁 47-63。

41 區內共有房屋 253 間，共 614 層，居民 7,701 人。當時這區第二街闊 30 英呎，靠這街的樓宇多是三層高（約 30 英呎），45 英呎深，後巷空地 76 至 122 平方英呎不等。第三街 35 英呎，靠這街的樓宇多是兩層高（約 20 英呎），40 至 45 英呎深，後巷空地 40 至 68 平方英呎不等。詳見拙作：〈香港島西營盤區之發展——從軍營到市鎮（1841-1903）〉，頁 207-209。

42 為了加快清潔速度，所用的水桶尺寸達 9 英呎長，2 英呎闊，3 英呎深，可容納 400 加侖水。

└ 第二街公共浴室重建於 1925 年，沿用至今，見證百多年前香港抗疫歷史，現評為二級
　歷史建築。

里 41 宗懷疑鼠疫個案，八天內成功通報，居民自發協助清潔家具。5 月 14 日，常豐里再出現大規模爆發，339 人遷往居仁里進行觀察，為防鼠疫蔓延，當局下拆毀常豐里房屋，以絕鼠疫蔓延。此次短期試驗計劃，「西約街坊會」成績超卓，對日後的抗疫政策有着深遠的影響。

　　「西約街坊會」發動大規模地區清潔行動，並租用第三街 83 號的房屋，改建為醫院。由於房屋的設施過於簡陋，經過「西約街坊會」值理商議，港府協助在第三街購買 105 號地段，用作興建新公立醫局。1909 年 9 月 20 日，西約方便所正式開幕，樓高兩層，上層為方便所，下層為西約公立醫局。[43] 為了籌集經費，太平戲院和高陞戲院曾舉辦義演。以當時的醫學水平來說，一旦染上鼠疫，十之八九是無藥可救。1910 年西約方便所報告載，當年 55 人身染鼠疫入住方便所，50 人死亡，由此可見死亡率超過 90%。為了防止疫情擴散，遺體會立即暫存於西約方便所背後的那間白屋仔，並安排苦力盡快落葬。鼠疫肆虐近 30 年，1928 年有關西約方便所的報告沒有再出現在政府檔案中。[44]

43　港九共建 6 間公立醫局，由馮華川、劉鑄伯等華人領袖統籌。

44　李緯邦：〈前世今生——西營盤的長春社文化古蹟資源中心〉，詳見網頁：https://reurl.cc/YvVq30。

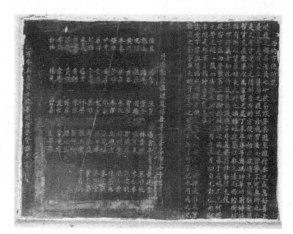

└ 西約方便所碑記。

└ 長春社文化古蹟資源中心前身是西約方便所，2005 年正式
　營運。

第四章

二十世紀初西營盤
之重大變遷

前言

踏入二十世紀初，維多利亞城已經是香港的行政及經濟中心，
主導着香港的社會、經濟、文教發展。若說維多利亞城為香港的心
臟，或後人所稱之為「首府」，這稱呼實不為過。香港島華人人口不
斷增加，港府積極開發土地，因應維多利亞城人口增長，曾多次擴大
範圍，由七約增至九約，先後將西營盤、石塘咀和堅尼地城納入維多
利亞城。西營盤的範圍亦固定下來，是從上環以西、石塘咀以東、南
至般咸道、北至海旁一帶。

■ 第一節 ■ 公共健康及建築條例的執行與影響

港府經歷鼠疫之禍，痛定思痛，終扭轉積極不干預華人社區規
劃的思維模式，意識到如不屬行規管華人居住環境，萬一再爆發疫
症，連帶在港外國人也難逃厄運。其中，1903 年港府執行《公共健

康及建築條例》（Public Health and Buildings Ordinance, 1903）尤為
重要。法例以改善建築物的環境為目的，規定建築物與街道須保持一
定的距離。1903 年後落成的樓宇基於新的建築條例，在建築物料、
衛生和空間訂下標準，對日後香港城市的發展有着深遠的影響，令西
營盤的社區面貌產生翻天覆地的變化。[1]

　　香港島山多平地少，可供居住的地方十分有限，加上大部分黃
金地段均控制在外資手上。隨着華人的經濟能力上升，不少華商買
下洋人營商或居住的地區。此舉引起港府的關注，擔憂將會威脅到
外資的利益。1888 年 3 月 27 日頒布了《歐洲人區域保留條例》（The
European District Reservation Ordinance, 1888），規定堅道以南的半
山地帶，闢作歐洲人居住地區，禁止華人在該區興建中式樓宇，以
免影響歐洲人的生活。當局為了明確歐洲人保留區的界線，在交接
街道豎立界石，讓普羅市民以資識別。[2]1904 年，港府進一步限制華
人搬到山頂居住，該條例即是《山頂地區保留條例》（Peak District
Reservation Ordinance, 1904）。鼠疫以後，港府設立了「歐洲人保留
區」，無形中阻礙了城市中心南向的發展，只能向東、西面擴展，或
者繼續向北填海造地。這法例明顯針對香港華人，限制華人建屋的範
圍，大大局限華人社區擴展的空間，而港島西區華人人口進一步上
升，令西營盤這城區更見擠迫。

1　The Hong Kong Government Gazzte, 11 July 1902, pp.1253-1342.

2　The Hong Kong Government Gazzte, 31 May 1888, p.319.

1891 年西營盤人口有 31,302 人 [3]，僅次中環的 36,196 人，人口數字排列第二位。1897 年西營盤位列榜首，已超越了中環人口，成為維多利亞城人口最多的地區。

■ 第二節 ■　二次大戰前西營盤的經濟發展

1903 年，當局下令遷移水坑口「紅燈區」西至石塘咀，並規定妓院換領新牌照，開啟「塘西風月」的年代。此舉吸引華商入住這裏的旅館，流連妓寨飲宴應酬，帶旺這一帶飲食及娛樂事業的發展，不少配套的酒樓紛紛開業。[4] 石塘咀人口驟增，日漸繁榮，鄰近的西營盤同樣受惠，成為後勤基地。1930 年代中期，港府實行禁娼，塘西風月宣告終結。[5] 禁娼並未對西營盤造成巨大影響，它仍是人口最稠密的華人社區之一，不少酒家繼續營運，直到上世紀 70、80 年代才相繼結業。[6]

1904 年，電車投入服務，途經德輔道西，西營盤變得更熱鬧。

3　過去在 1877 和 1881 兩年人口調查中，維多利亞城華人人口均有列表交代，然而卻沒有細分維多利亞城內各地區的具體人口數字。直到 1891 年開始的人口統計才有調查西營盤實際華人人口。

4　全盛時期，石塘咀的妓院有 50 餘家，娼妓 2,000 多人；有大小酒家 18 家，僱用員工 1,000 多人。

5　1932 年，香港跟隨英國實行禁娼，首先取締外籍妓女。1935 年 6 月 30 日華籍娼妓也被取締。詳見梁炳華：《香港中西區風物誌》增訂版，頁 43-44。

6　1904 年開業的太平戲院亦維持業務至 1980 年。

不少店舖當初選址西營盤開業，除了租金較上環便宜，且又靠近碼頭，方便貨物運輸，造就多個傳統行業成行成市。事實上，同類型的商舖為招徠顧客，多集中在某一街道內，因而出現了一些以傳統行業命名的街道，又或以該行業為街道的別稱，西營盤就有鹹魚欄、米街，新近的有海味街和蔘茸街等。隨着香港人口暴升，對鹹魚的需求日益增加。起初漁民在西營盤海旁西（Praya West）一帶賣魚，他們見有利可圖逐漸發展為商舖，後來成行成市，演變為鹹魚欄。今天鹹魚欄已屬第三代，前身街名為連溺加街（Reinecker Street），這個街名早在 1899 年已經存在，於 1919 年 9 月 26 日刊憲易名為梅芳街（Mui Fong Street）。

　　十九世紀末，香港鹹魚業非常蓬勃，分工愈見仔細。鹹魚欄又分大欄和細欄。大欄亦即是鹹魚欄的代理商，直接從漁民手上收購。細欄則直接從大欄入貨，與漁民沒有直接的關係，並進行加工醃製的程序，然後零售或交給魚販售賣。1922 年《中華人名錄》載，梅芳街共有 12 間鹹魚欄行商店（Salt Fish Wholesale Dealers），為了團結同業，排難解紛，大欄組織了策進會，作為管理鹹魚代理的總機關。其時，全港約有 50 多間鹹魚行商店（Salt Fish Retailers），超過一半的鹹魚舖在西營盤開業。以 1938 年為例，年產量 23,150 公噸，而零售總值高達 10,000,000 元。香港的鹹魚內銷只佔 30%，其餘大部分輸入內地各大城市，包括廣東、石岐和上海。外地生產的鹹魚，也會經過香港轉口港運往內地經銷，總數接近 4,000,000 元。

　　按《香港年鑑》劃出西營盤的範圍，包括以下街道：東邊街、

└ 伍惠記位於梅芳街，開業至今 60 多年。

└ 合利號是西營盤大欄，不定期舉辦拍賣活動，各細欄價高者得，然後再分銷給街
　坊或酒樓食肆。

西邊街、第一街、第二街、第三街、高街、柏道、羅便臣道、中
正街（正街）、般咸道、桂香街和梅芳街。[7]1897 年 "Public Work
Department" 地圖顯示，西營盤的海岸線擴展至干諾道西（Connaught
Road West），並陸續建成客貨運碼頭。最著名的莫過於永樂碼頭，
它建於 1919 年，因位於干諾道中、干諾道西和德輔道西交界，故當
地居民稱為「三角碼頭」。從前乘搭電車，由干諾道西轉入德輔道西
就會見這個碼頭。二次大戰前，不少來港人士均從三角碼頭登岸，客
貨輪船多停泊此碼頭，包括往來香港至江門的拖渡，以至經香港到廣
州的輪船，可想而知三角碼頭何其繁忙。

　　港府着意發展商貿行業，商業區集中在現今中上環一帶，文咸
西街更有香港華爾街的稱號。從西營盤至堅尼地城臨海一帶形成貨倉
集中地，較著名有正街的九龍倉，以及西邊街至山道間的多座均益
倉，兩者皆為政府貯米的「公倉」。[8]由於有卑路乍炮台的設置，港府
遂決定食米進口商的倉庫設在堅尼地城，集中於卑路乍街與堅尼地城
海旁一帶，方便看守，防範有盜賊窺伺。[9]基於保安理由，位處貨倉
區的干諾道西一帶的西邊街、正街等多條橫街，皆設有街閘，每天晚
上時分關閘，直到上世紀 60 年代末期才逐漸拆卸。

7　華僑日報編：《香港年鑑：一九三四年》（香港：華僑日報，1934 年），頁 5。

8　1955 年廖創興銀行以 600 萬購入西邊街以西，包括德輔道西及干諾道西一帶貨倉和工
　　廠，改建樓宇住宅。

9　夏思義：〈細說從頭：砵甸乍以西的成長〉，頁 167。

■ 第三節 ■　日據時期硝煙下的動盪歲月

　　日據時期，香港佔領地總督部成立，確立分區管治制度，採取「以華制華」策略。[10] 1942 年 7 月，香港各區設立地方行政部，分為 28 區，各設區役所：港島 12 區、九龍 9 區、新界 7 區。各個區役所分別由「香港地區事務所」、「九龍地區事務所」和「新界地區事務所」管轄，負責登記戶籍、物資配給和衛生事務。[11] 1942 年 4 月 20 日，日本總督部將全港主要街道名稱日本化，皇后大道改為明治通，德輔道改為昭和通。港九各地區的名稱亦跟隨步伐，西營盤改名為水城區。李啟新獲委任為水城區區長，副區長是黃繼賢，負責管轄地區事務，下設八名區會員輔助。[12]

　　每個社區實行鄰保制度，屬於行政架構下層的行動機關。表面看來，鄰保制度希望發揮鄰居守望相助的精神，建立和諧社區，實際上是起着輔助監控市民的日常生活的功能。鄰保制度大致分為六項工作：（一）警務工作；（二）衛生工作；（三）節約工作；（四）互助工作；（五）防諜工作；（六）防空工作。[13] 鄰保班長負責鄰保地區的行政事

10　陳智衡：《太陽旗下的十架：香港日治時期基督教會史（1941-1945）》（香港：建道神學院，2009 年），頁 89。

11　小林英夫、柴田善雅：《日本軍政下的香港》（香港：商務印書館，2016 年），頁 76-77。

12　〈香港及新界各區區長名單發表〉，《香港日報》，1942 年 7 月 22 日。

13　周家建、張順光：《坐困愁城：日佔香港的大眾生活》（香港：三聯書店，2015 年），頁 57-61。

務，是地區民政最前線人員。[14] 至於水城區的鄰保班長，題名的共有
23 人。[15] 值得注意的是，1942 年 9 月，日據政府在港任命近 800 名華
人協助地區管理工作，而整個政府架構所任用的華人超過 4,000 名，
打破二次大戰以前香港府任用華籍官員的數量。[16]

香港淪陷期間，經濟蕭條，航運及工商業幾乎停頓。香港物資
短缺，總督部對食米、柴薪、鹽、火柴等生活必需品進行配給販賣，
但始終供不應求。由於盟軍海空封鎖，使香港對外貿易中斷，加上總
督部不但未能重振香港的經濟，而且更未能與日本在東南亞各地的佔
領區維持貿易。香港境內糧食不足，搶掠的情況時有出現，為減輕糧
食的壓力，大量人口遷回內地。[17] 香港正值艱難之際，道教團體紛紛
發起救濟工作，雲泉仙館不甘後人以施粥賑飢，成為一時佳話。

> 本港道教善團雲泉仙館，乃廣東南海西樵山白雲洞雲泉仙館道
> 侶，於淪陷期間創立。當時饑民遍地，慘不忍睹，該館道長，

---

14 1943 年增設班長一職，凡有行政指令，地區事務所通知鄰保班聯絡員，由聯絡員再通
    知班長，班長下達組長，由組長通知各戶。1944 年 4 月再進行改革，取消組長，增加
    班長，另外又取消聯絡員一職，改由班長代表取代。班長代表是每十班推選一個班長代
    表，每班組織結構為 50 戶。詳見周家建、劉智鵬：《吞聲忍語：日治時期香港人的集體
    回憶》（香港：中華書局，2009 年），頁 57-60。

15 〈水城區區役所，鄰保班班題名〉，《香港日報》，1942 年 9 月 23 日。

16 蔡榮芳：《香港人之香港史 1841-1945》（香港：牛津大學出版社，2001 年），頁 261-
    262。

17 鄺智文：《重光之路──日據香港與太平洋戰爭》（香港：天地圖書，2015 年），頁 139-
    150。

即倡辦義賣白粥賑饑之善舉，救活僑胞無數。[18]

　　西營盤原有三個潮人盂蘭勝會，位置相當接近，而它們各有自己的碼頭為地域分界，分別是佛教三角碼頭盂蘭勝會、渣甸橋東邊街街坊盂蘭勝會和西區正街水陸坊眾盂蘭勝會。據說前兩者均與日據時期祭「好兄弟」有關。香港各區均設白米配給所，港島西區的配給所設於今址西港城，即上環街市前身。據渣甸橋東邊街街坊盂蘭勝會會長姚松秋先生回憶，西營盤沿海一帶的貨倉存有大量白米。其時糧食短缺，時常有飢民冒險潛入米倉偷竊。如遭日軍捕獲，不經審訊隨即用刺刀殺掉，就地將屍體推落海。很多西區碼頭商戶和苦力工人親眼目睹日軍殺人惡行，心有戚戚然，遂在農曆七月期間發起舉辦渣甸橋東邊街街坊盂蘭勝會，超度孤魂野鬼。

　　佛教三角碼頭盂蘭勝會主席陳運然指出，「三年零八個月時候，日軍不時濫殺無辜，但對祭祀活動則非常尊重，盂蘭場地附近常有日兵出入，得知善信在祭祀孤魂野鬼，亦沒有太大的干涉。」[19] 由此可見，早在日據時期，佛教三角碼頭盂蘭勝會已舉行法事拜祭「好兄弟」。這些災難記憶，無形中令佛教三角碼頭盂蘭勝會在戰後茁壯成長，規模一年比一年盛大，很多善信更自發捐贈祭品。[20]

18　〈道教雲泉仙館啟建盂蘭勝會　接受善信附薦先親〉，《華僑日報》，1978 年 8 月 9 日。

19　佛教三角碼頭盂蘭勝會主席陳運然訪問，2019 年 3 月 22 日。

20　王惠玲、黃秀顏：《香港口述歷史：集體記憶的採集》（香港：香港大學亞洲研究中心，2006 年），頁 15-16。

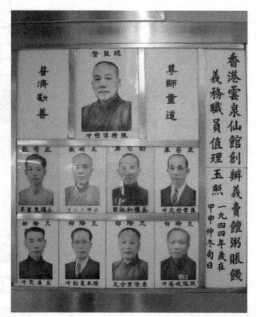

1944 年，吳禮和、陳鑑坡、
高廉、陸本良等道侶設立香港
雲泉分館。

三角碼頭盂蘭勝會歷史悠久，創辦者多是三角碼頭苦力工人。

戰火無情，多座西營盤地標建築物遭受嚴重破壞，只有德輔道西一帶、東邊街和皇后大道西倖免於炮火攻擊。[21] 如英皇書院位於西營盤西邊街與文咸道交界，於 1926 年落成，前身是西營盤區的官立學校。日軍佔用校舍，改作飼養軍用騾馬的馬廄，學校的日常運作停頓，所有校內的木製窗框、欄杆和地板均被日軍盜用作柴薪。戰火造成大量傷亡，日軍急需處理遺體，多選就近公園埋葬。現西營盤醫院道舊贊育醫院附近建「戰時應急墳場」（War Emergency Cemeteries）。[22]

表 4.1：香港各區區役所列表

地區	區域名稱	區長姓名	區會員數
香港	中區（中環）	冼秉熹（後任陳李博）	10
	西區（上環）	邵蔚明	8
	水城區（西營盤）	李啟新	8
	藏前區（石塘咀）	孫廣權	8
	山王區（西環）	簡文	6
	東區（灣仔）	何日	10
	春日區（鵝頸）	何德光	8
	青葉區（跑馬地）	吳文澤	6
	銅鑼灣區（銅鑼灣）	郭顯宏	6

21 此包括：西營盤街市、救恩學校、舊贊育醫院。

22 高添強：〈香港墳場史略〉，張燦輝、梁美儀合編：《凝視死亡——死與人間的多元省思》，頁 239-240。

（續上表）

地區	區域名稱	區長姓名	區會員數
香港	筲箕灣區（筲箕灣）	曾壽超	8
	元港區（香港仔）	溫少甫	6
	赤柱區（赤柱）	李頌清	6
九龍	元區（九龍城）	黃揚友	10
	青山區（深水埗）	黃伯芹	10
	大角區（旺角及大角咀）	曾榕	10
	香取區（油麻地）	馮浩	10
	湊區（尖沙咀）	梁繼	6
	山下區（紅磡）	李壽三	6
	鹿島區（九龍塘）	關心焉	6
	荃灣區（荃灣）	陳慶堂	6
	啟德區（東九龍）	一	6
新界	大埔區（大埔區）	陳國雄	6
	元朗區	蔡寶田	6
	沙田區	陳達仁	6
	沙頭區（沙頭角）	溫二	6
	新田區	文展程	6
	西貢區（西貢）	許美南	6
	上水區（上水）	一	5

第五章

二次大戰後
西營盤的發展

■ 第一節 ■ 城市在重光之後

　　二次大戰後，內地戰亂持續，大量難民湧入本港，部分在西營盤空置的地段搭建簡陋的寮屋，環境非常擠迫，容易觸發火災。港府早有意成立工作小組，處理香港寮屋問題，宣佈西營盤有「市區更新」的需要。然而，人口急劇增加，面對龐大住屋需求，最後只聞樓梯響。1956 年修訂《建築物條例》，港府進一步放寬樓宇高度，最高可建至 100 呎或 26 層，新型大廈紛紛落成。西營盤城市景觀的改變同樣迅速，昔日上居下舖式唐樓陸續改建為以鋼筋水泥建成的高樓大廈。香港人口持續攀升，1956 至 1961 年人口升幅高達 30%，港島西區成為人口密度最高地區，平均每英畝居住 963 人。[1]

1　從 1954 至 1958 年，投資房地產金額急劇增加 171%，由 9,500 元升至 250,000,000 元。詳見田恆德、胡佩玲、乙增志：〈發展或是破壞？西營盤的變遷〉，頁 172-187。

　　上世紀 60 年代，香港人口增至 300 萬，經濟轉型，正式踏入工業的黃金時代。市民就業機會大增，港府開始投放大量資源興建公共房屋，解決住屋問題，市民生活得到明顯的改善。中上環商業區蓬勃發展，無可避免向外延伸至周邊的西營盤，隨後區內興建更多高樓大廈，繼續發揮支援角色。西營盤雀仔橋近皇后大道西一段紙紮舖林立，因之鄰近東華醫院，院內曾設有義莊和殯儀廳，葬儀和紙紮業亦應運而生。如俊城行於 1972 年創辦，店主杜千送的父親洞悉紙紮市場前景，認為本地生產衣紙成本過高，遂由衣紙工場改做零售。杜父認為西營盤交通運輸便利，有方便貨物集散的優勢，於是選址西營盤開業。[2]

　　1962 年，港府再次修訂《建築物條例》，限制樓宇上層的深度，提高採光及通風標準，削減可發展面積 20%，期望可以壓抑樓宇增長。可惜的是，新修訂條例卻有四年的寬限期，造成舊區私人住宅急劇增加。1964 年，政府成立清理貧民區工作小組，嘗試劃定上環和西營盤的重建範圍，推行市區重建試驗計劃，但未能獲得重大成果。1974 年，香港房屋協會推出「市區改善計劃」，正是針對當時樓宇結構和環境衛生欠佳，缺乏防火設施配套等弊病，進行重建工程。現位於第一街／第二街的西園便是這個時期的產物。[3] 面對市區樓宇日益

2　俊城行杜千送訪問，2022 年 5 月 3 日。

3　西園前身是十多幢戰前樓宇，佔地 2 萬多平方呎，1977 年由香港房屋協會收購，1982年兩幢各 29 層高的私人屋苑落成。詳見劉天佑：《舖舖為營──西營盤街舖經營調查》（香港：長春社文化古蹟資源中心，2017 年）。

老化，「市區改善計劃」只是杯水車薪，很多戰前樓宇因缺乏維修導致結構出現問題，塌樓事件常有發生，造成人命傷亡，每次都引起傳媒廣泛報道。

表 5.1：二次大戰後西營盤塌樓事件列表

年份	地點	標題	來源
1946	第三街	第三街塌屋後掘出屍首五具	香港《工商日報》，1946 年 7 月 21 日
1947	五福里	殘樓不堪霪雨蝕 五福里降大禍 二號屋三層樓全塌下 十一人受傷一人失蹤	《華僑日報》，1947 年 6 月 29 日
1952	西湖里	西營盤西湖里塌屋傷人情形 住客二人受傷	《華僑日報》，1952 年 7 月 7 日
1952	紫薇街	大道西紫薇街二號 風雨塌屋 一死二傷	《華僑日報》，1952 年 8 月 28 日
1954	高街	高街一危樓 昨晚突倒塌 幸樓中人及時逃出	香港《工商日報》，1954 年 8 月 8 日
1956	元福里	元福里今晨巨響 塌樓活埋三人 屋頂壓下瓦礫中挖出三名傷者 二樓受創地下住客幸僅受虛驚	《大公報》，1956 年 6 月 4 日

（續上表）

年份	地點	標題	來源
1962	西邊街	西邊街塌舊樓 七人受傷兩人失蹤 卅餘住客幸被及時救出	《大公報》， 1962 年 9 月 2 日
1964	皇后 大道西	大道西拆舊樓 廚房倒塌壓向西源里 引致危險故暫時封閉 廿五號居民百餘人頓成無家可歸	《華僑日報》， 1964 年 7 月 19 日
1964	皇后 大道西	大道西 305 至 307 號 兩危樓今晨倒塌 影響鄰屋三幢　居民緊急疏散 消防隊用雲梯鄰人二百救下 後方西源里兩幢舊樓亦受影響	《華僑日報》， 1966 年 7 月 26 日
1969	皇后街	單邊樓塌牆磚石飛墮 大牌檔被壓死傷三人皇后街 昨有慘事塌牆樓宇隔鄰正在改建	《大公報》， 1969 年 9 月 21 日
1972	第三街	第三街東邊街 危樓五間將予封閉	《華僑日報》， 1972 年 12 月 12 日
1978	正街	西營盤正街昨晨最熱鬧之際 拆樓拆出大禍 磚牆與吊機橫架突然塌向正街 驚呼慘叫中兩人慘死十一傷	《大公報》， 1978 年 7 月 19 日

　　老一輩西營盤街坊對於正街塌樓事故至今記憶猶新。肇事現場就在第一街與正街交界處一幢四層高舊樓，1978 年 7 月 18 日，早上

└ 西營盤老街坊對上世紀 80 年代東邊街車禍記憶猶新。

九時二十分，事發地點位於西營盤正街 42 號至 44 號圍牆。[4] 該建築
物正進行拆卸工程，疑有人不正確使用大鐵鎚拆樓，導致一幅 30 呎
高、10 多呎長的牆身塌下。其時，正值買餸時間，正街露天街市人
來人往，牆下幾個固定及流動小販檔首當其衝，不少途人走避不及，
輕者為碎石擊傷，重者慘遭活埋。警員和消防員隨即趕到現場，在街
坊協助下共救出 4 男 9 女。[5] 這次塌樓事故釀成 3 死 11 傷。事發後，
香港府成立獨立調查小組，調查肇事起因，並追究相關人士的責任。
受影響的小販攤檔大多不願意接受當局安排遷入室內街市，恐怕生意
會受到影響，寧願等待清理現場後重新營業。[6]

　　據調查所得，初步推斷有人或建築商未有履行拆樓協議書，違
法使用鐵鎚拆樓。[7] 承建商在庭上供稱，事發前已見到吊機，不過管
工謊稱吊機只是用來搬運建料，而非用作拆樓。合約明確規定只用人
力拆樓，不得使用吊機拆樓。合約限期 50 天內完成工程，拆卸費為
76,000 元。判頭反駁吊機拆樓是得到承建商默許，如只限人力拆卸，
絕對不能在限期內完成，故先用人力拆一半，餘下的則用吊機拆，殊
不知道敲擊了三下便導致這次意外。[8] 其後，事件在西九龍裁判司署
展開死因研訊，經五日持續聆訊，最高法院宣判，兩個被告因刑事上

4　〈正街塌牆大慘劇研究結果〉，香港《工商日報》，1978 年 11 月 9 日。

5　〈警對西區塌牆慘劇事件　調查蒐集有關資料　決定應否控告某方〉，《華僑日報》，
　　1978 年 7 月 20 日。

6　〈受塌樓影響正街小販檔　拒絕市政署遷徙的提議〉，香港《工商日報》，1978 年 7 月
　　21 日。

7　〈正街塌牆慘劇　今起研究死因〉，香港《工商日報》，1978 年 10 月 30 日。

8　〈承建商謂曾着管工勿用錘撞〉，《華僑日報》，1978 年 11 月 2 日。

疏忽，引致他人死亡，罪名成立，承建商被判監 18 個月，監工判監 9 個月。[9]

另一宗聳人聽聞的慘劇要算是 1984 年東邊街車禍。由於西營盤屬於早期開發地區，街道依山而建，狹窄且陡峭，容易釀成交通意外。1984 年 8 月 24 日，一輛滿載棚竹的貨車突然失去控制，沿着東邊街斜路衝下，先後撞到兩輛私家車及十多個小販牌檔，最後衝進一間店舖，跟着爆炸焚燒，釀成 3 死 9 傷慘劇。[10] 這宗車禍肇事現場實在太恐怖，場面觸目驚心，報紙標題形容「出事途人嚇得目定口呆警員也覺吃驚」，東邊街街坊因而自發舉辦祭祀活動，以安撫人心。[11] 其後，車禍事故的起因屢屢傳出不同的版本，三個盂蘭會負責人異口同聲，言之鑿鑿，指出這場車禍正值盂蘭勝會後發生，此絕非偶然，而遇害者包括一名曾多次投訴盂蘭會的醫生。[12]

9　〈正街拆樓塌場慘案　承建商判監年半　地盤管工囚九月〉，香港《工商日報》，1979 年 7 月 26 日。

10　〈東邊街貨車肇大禍　釀成三死九傷慘劇〉，《大公報》，1984 年 8 月 25 日。

11　短短幾天，街坊籌得近 18,000 餘元，扣除一切開支，餘額全數捐給老人院，並計劃每年舉辦一次，預計持續三年。1984 年 9 月 2 日，東邊街街坊延請儀式專家舉行路祭，超度車禍中喪生的三名死者，整場儀式猶下午二時開始，至晚上十一時才結束。詳見〈東邊街坊眾昨路祭　超度大車禍三死者〉，香港《大公報》，1984 年 9 月 3 日。

12　筆者曾訪問過東邊街渣甸橋盂蘭勝會負責人，他表示「每年拜神時，那個人都會投訴，又打 999 報警『搞搞震』，據說那個人是贊育醫院醫生，時常投訴盂蘭場地太吵。那醫生可能受西方教育，認為這樣會吵到他的病人。我們花那麼多錢去拜神，根本沒有辦法減低嘈音，終於這個醫生出了事故。他駕車由東邊街駛回醫院，他的車子向上走，棚車就相反方向落斜，棚車一衝下去，剛剛那司機駛到第二街口的位置，怎知棚車由第三街駛下去時，完全失控，私家車準備轉入醫院道，棚車強行將私家車推入第一街的店裏，私家車準備左轉，棚車一推下來剛剛順着方向撞向私家車，棚車強行撞死那醫生。經常投訴！棚車把醫生困在車裏活活燒死，那醫生行為就如『撩鬼攞命』，有些善信說鬼無人情講，它們什麼都不管，沒有飯吃就不會跟人客氣，所以居民很少投訴，算是那個醫生倒楣，想不到這麼『見功』。」

　　據報紙報道，肇禍車輛原本停泊於東邊街佐治五世公園外，因為那裏剛舉辦盂蘭勝會，公園內的棚架正在拆除，貨車是準備將拆下來的棚竹運走。東邊街是一條陡峭的斜坡，所以貨車用兩塊直徑約一呎的大石墊住車輪，以防貨車溜下。貨車載滿棚竹後，兩名跟車工人將車輪下的大石移開，不料司機未開動引擎，貨車已失控衝落斜路。當貨車衝至東邊街與第二街交界時，先撞向一輛私家車，再將私家車推前撞向另一架小房車，由於衝力過猛，三車繼續向下衝，小房車衝到第二街口撞到街旁小販攤檔後，打了近十多個轉，終於停在路邊。十多名小販牌檔被掃低，有十名途人和小販因走避不及而被車撞傷或被塌下的牌檔木板壓傷。至於貨車壓着私家車繼續衝前，最後衝進位於東邊街與第一街交界的一間店舖，隨即發生爆炸，並引起火警。[13]

　　此場車禍慘劇釀成 3 死 9 傷，肇事貨車車頭嚴重焚毀，更觸發三級火警，這是由於私家車的汽油缸漏油，再因磨擦引致。據驗車報告顯示，貨車的剎車系統失靈，導致倒車事件，斜路的傾斜度並非主因。又指出貨車缺乏維修保養，使用了八年方作第一次「車檢」。[14]法官辛啟稚認為今次車禍是出於剎車系統問題，故裁定死者均死於不幸，並建議港府採用行動，要求定期檢驗重型貨車。[15]時至今天，西

13　〈東邊街貨車肇大禍　釀成三死九傷慘劇〉，香港《大公報》，1984 年 8 月 25 日。

14　〈東邊街大車禍起因　主要剎車系統失靈〉，香港《大公報》，1984 年 12 月 11 日。

15　〈東邊街車禍死因研究庭裁定三死者均於不幸〉，香港《大公報》，1984 年 12 月 14 日。

營盤間有出現倒車意外，如 2014 年 10 月和 2015 年 4 月，威利麻街和高陞街接連發生致命交通意外。為此，三角碼頭盂蘭勝會在請神巡遊期間，特別在事發地點舉行超度儀式，以安撫人心。

■ 第二節 ■　推土機下的急速變遷

現俗稱德輔道西為「海味街」，前身十之八九是鹹魚店，海味舖反而不多。上世紀 70 年代，常有貨車停泊在德輔道西上落貨物，阻礙車輛來往，而干諾道西也因此被貨車霸佔三分之二路面，造成該區交通嚴重擠塞。1977 年 4 月，政府進行第五期填海工程，拓闊干諾道西，範圍由上環港澳碼頭至皇后街三角碼頭，以解決交通擠塞情況。填海後，三角碼頭建成了一條行車天橋。滄海桑田，舊日繁忙景象不復見。直到港島線鐵路通車，鐵路站西止上環，鐵路網絡大大便利交通，反使中區與西區發展不平衡。港島西區失卻地產商青睞，發展明顯滯後於中、上環，而西營盤始終未能一躍成為商業城區。

1988 年，土地發展公司（Land Development Corporation，以下簡稱土發公司）成立，專責市區重建。1990 年，土發公司在西營盤選定了四個街段，作為重建的「行動範圍」（take areas）。[16] 高雅閣前身是戰前樓宇，位於第三街及東邊街交界，面積高達 860 平方米，重

16　田恆德、胡佩玲、乙增志：〈發展或是破壞？西營盤的變遷〉，頁 172-187。

建為樓高 33 層住宅。西港城和居仁閣亦是土發公司市區重建項目之
一。[17] 雖然重建項目因種種問題而再度擱置，但此舉足令大多數的舊
樓業主卻步，不敢貿然花費金錢維修樓房，變相使西營盤城市景觀發
展停頓。[18]

　　上世紀 80 年代，高街車房成行成市，街坊回憶全盛時期超過 20
間汽車維修及相關行業在此經營。據行內人士指出，選擇在高街一帶
經營車房，自有其優勢。要知道車房需要很大的空間進行維修工作，
那時候西營盤仍保留了很多舊式唐樓，地面通常是街舖，樓底高，街
舖的空間足夠一般四門汽車駛入，配備升降台，汽車維修員可以升
高車身，方便檢查及維修車底。除此之外，西營盤鄰近半山區，自
然不愁客源，然而租金較半山區為低，也是吸引車房開業的另一個
原因。

　　2001 年 5 月，市區重建局（Urban Renewal Authority，簡稱市
建局）成立，取代土地發展公司的角色。2005 年，市建局與地產商
合作重建第一、二街，牽涉 30 幢樓齡逾 40 年的樓宅，2009 年建有
兩幢各 36 層住宅樓宇，提供 500 個住宅單位，名為縉城峰。[19] 2005
年，市建局開啟第三街 / 餘樂里 / 正街項目重建計劃，涉及地盤面積
約 2,150 平方米，興建了高級住宅星鑽。整個重建項目於 2016 年完

---

17 《土地發展公司 1988-1996 開創八年紀實：市區重建　香港方策》（香港：土地發展公司，
　　1997 年），頁 12-22。

18 田恆德、胡佩玲、乙增志：〈發展或是破壞？西營盤的變遷〉，頁 172-187。

19 劉天佑：《舖舖為營──西營盤街舖經營調查》。

成，餘樂里獲「保留」，部分空間修建為休憩公園，而 9 至 12 號則原幢保存。[20]

西港島線開通後，傳媒爭相報道西營盤的食買玩熱點，發展商則虎視眈眈區內物業的升值潛力。近年西營盤重建項目此起彼落，如果套用重建模式，地產商首先收購整個街區，然後拆卸重建為平台大廈，地舖數目自然大幅減少。證諸 2007 至 2017 年期間，西營盤四個住宅樓盤分別落成，當中兩個市區重建局項目僅提供 13 個舖位。[21] 按統計，食肆穩佔街舖的主流位置，西營盤高街位於西邊街至東邊街一段，原是車房集中地，後轉型為西營盤蘇豪區，更有擴散到鄰近街道的趨勢。這表示小店老舖難逃「光榮結業」的命運，其承載的傳統手工藝自然湮滅於推土機下，甚至當區民間信仰亦遭受迫遷。

據九仔海產食品貿易黃佩傳先生回憶，福壽里福德古祠原址在西邊街 11 號地面，樓上則是留產所，後因舊樓重建，福德古祠搬遷到福壽里與西邊街之間的後巷供奉。[22] 福壽里福德古祠的香爐刻有「光緒貳十年歲次甲午」，說明此街廟的歷史可追溯自 1894 年，這比起常豐里老福德宮現存文物歷史更悠久。[23]2018 年 10 月，福德古祠張貼了通告，指出該古祠屬於發展商的重建範圍，並限定 30 日內需清理古祠內建構物和有關文物。最終福德古祠香火遷往中區通善壇，神

20　現該建築群評定為第三級歷史建築，其中 11 及 12 號為耆趣童樂館。

21　劉天佑：《舖舖為營——西營盤街舖經營調查》。

22　九仔海產食品貿易黃佩傳先生訪問，2019 年 7 月 3 日。

23　福壽里福德宮香爐刻文。

└ 2005 年，市建局重建第一、二街，
　興建了縉城峰。

└ 行人電梯投入服務後，方便了街坊
　上落，但附近的街舖卻有翻天覆地
　的變化。

└ 西營盤站開通前後，該區
　不少老店紛紛光榮結業。

└ 福壽里福德古祠位於巷里，後旁邊建築重建，福德被迫
　搬遷至通善壇。

像安置在九仔海產食品貿易店舖，而香爐則輾轉存放於長春社文化古
蹟資源中心。

　　由此可見，重建對於西營盤巷里小店未見其利，先見其害。2012
年，長春社文化古蹟資源中心（以下簡稱：CACHe）出版了《經營
西營盤：經營老店與社區的故事》，紀錄西營盤 17 間小商店的故事，
帶出「它們苦心經營自己的店舖，亦同時經營了這個社區」的訊息。
我們在製作過程中，發現當中有不少店舖與「食」有關的主題，遂構
思一條西營盤美食之旅的路線，希望參加者認識一個舊區多樣化的生
活風貌。整條路線巡經五個店舖，可惜的是，成團不久便宣佈停辦，
其中三間店舖先後結業，有的被收購，有的因加租被迫結業。小店雖
死，人間有情，店主不忍將過去賴以為生的東西，送往堆填區，輾轉
贈予 CACHe。這些舊物文件在一般人眼中，看來不值一提，然而細
心端詳，套在社區歷史的脈絡，自會發現一片天地。

　　昔日，租借影音店伴隨東方荷里活崛起，在 80、90 年代大行其
道，全盛時期集團式經營的影帶店進駐香港各區。四海唱片沖印中
心也算趕得上這個潮流，分一杯羹。1978 年，黃先生與三位朋友合
資開設沖印舖，兼營黑膠唱片，取名「四海」喻意「四海之內皆兄
弟」也。當時，西營盤學府林立，四海主打學生市場。上世紀 80 年
代末，音樂光碟（CD）興起，「四海」也由黑膠唱片轉賣音樂光碟，
經歷「四大天王」的輝煌時代。到了 90 年代，唱片業漸走下坡，加
上多間中學相繼停辦或遷往新界，黃先生眼見家庭影院開始普及，便
由學生市場轉向開拓區內的家庭客群，改而主營鐳射影碟（LD）和

影音光碟（VCD）租賃生意。千禧年後，電影盜版嚴重，租賃影碟生意走向末路。2015 年初，因業主加租，四海被迫光榮結業。

　　關興記於 1928 年創辦，稱得上是西營盤的老字號。它製作的豆腐花和豆漿遠近馳名。關興記屬於「老香港」的故事，初期在正街擺街檔售賣豆腐，幾經努力終於買了店舖營運。戰後關興記在西營盤大展拳腳。1948 年，關興記在第二街的街舖設立豆腐和腐乳兩家工場，其產品更遠銷至東南亞，包裝紙更以觀音像作為註冊商標。1990 年，關興記輾轉在第三街設舖開業至今。關太 19 歲起已協助丈夫打理關興記，閒時喜歡和街坊切磋廚藝。為了增加收入，便利坊眾，關興記兼營糧油調味品的零售。近年，西營盤新樓盤相繼落成，顧客群大多以小型家庭為主，故豆豉、梅子等不同鹹料均以獨立小包出售。

　　上世紀 80 年代，西營盤有很多米舖，但後來很多米舖因租金上升或後繼無人，加上面對超級市場競爭而逐漸結業。德昌泰在西營盤開業近 70 年，店舖因加租和重建經歷兩次搬遷。鄭鎮源先生的父親來港投靠在西營盤經營米舖的親戚，父親學師幾年累積了一些資本，便在西營盤開了德昌泰。鄭先生 18 歲時避難來港，兄弟姐妹眾多，他身為長子便肩負子承父業的重任。從前，筆者途經正街斜路，偶爾會看到德昌泰鄭先生的身影。這時候，他通常忙於送貨，細心一看，手推車載滿貨物，少說也有數十斤，感覺卻如履平地。筆者不敢趨前打擾，害怕鄭先生分心，連累附近的街坊。鄭先生的手推車穿梭西營盤的斜路巷里，服務老街坊數十年。生意好的時候，足跡遍及警察宿舍、寶珊道寮仔和山頂區。

└ 在鐵路通車前，德昌泰米舖亦已光榮結業。

└ 關興記創辦於 1928 年，以售賣
　香滑豆腐花聞名。

鄭先生在第三街開業時，訂造了一個米櫃，配有六個大米桶，用來放置不同產地和品質的白米。顧客可按喜好，把不同的食米混和更合乎個人的口味，俗稱為「溝米」。鄭先生為了照顧不同階層的需要，零售米舖會按不同價錢的米碎混雜售賣，這樣米的價錢就相對降低。從前，每家每戶訂單動輒過百斤，長期顧客還可以賒賬，這是老店獨有的人情味。除此以外，德昌泰更是街坊聚腳聊天的地方，這裏簡直是地區消息的集散地，無需消費，只要安坐德昌泰，就會收聽到西營盤區內發生的大小事。鐵路通車前，鄭先生趁着好價錢，立即答應賣舖。還記得結業前，鄭先生特意找來攝影師，在德昌泰門前拍攝家庭照，場面熱鬧溫馨。

隨着城市發展，西營盤更多部分劃入重建範圍，不少舊有的唐樓清拆，蓋起豪宅；古街舊巷面臨消失的危機，轉手成為連鎖店的天下；原居民被迫遷往他區，中產人士紛紛進駐，樓價攀升，地舖同步升值。西營盤的名稱也被地產商改名換姓，稱作西半山。西營盤的地貌經歷翻天覆地的巨變，歷史將踏入新的時代。有見及此，2015 年 1 月開始，CACHe 開展名為「西營盤社區店舖研究計劃」。每季定期調查西營盤區的街舖，收集街舖變遷的概況，嘗試以數據來說明鐵路通車前後西營盤街舖的變化。[24]

24　2016 年 8 月這個研究獲得太古集團慈善信託基金資助，將過去研究成果結集成書，名為《舖舖為營——西營盤街舖經營調查》，並透過教育活動把研究成果與大眾分享。

社會文化篇

下篇

西營盤早期城市規劃
與市政建設

■ 第一節 ■ 街道規劃：完美的正方形

　　2007 年，三位香港中文大學建築系教授田恆德、胡佩玲、乙增志聯同長春社文化古蹟資源中心合作，以西營盤的中心地帶東至東邊街、西至西邊街、南至高街、北至德輔道西作為研究對象，以「西營盤城市組織的轉化 1850-2007」為題進行研究，在〈發展或是破壞？西營盤的變遷〉一文描述西營盤的城市規劃：

　　留心看港島地圖，不難發現西營盤的街道分佈異常整齊勻稱。香港所有分區中，西營盤突出之處，在於其呈現一個「完美」的正方形。四周分別是德輔道西、高街、東邊街、西邊街，每邊介乎同為 300 米，這四街位置非常接近四個基本方位。西營盤的結構源自 1855 年至 1861 年間的規劃，早期街道和地界的佈局，對該區的變遷，影響深遠……區內有兩種街道走向。海旁

範圍的街道，跟通往海港的地帶呈直角相交；位於上坡地的，則
跟建築物地勢平行。德輔道西、皇后大道西、第二街及高街，
以東西方向連接起西營盤和其他的區域。東邊街、正街和西邊
街氣勢不凡，由海邊直達山丘，高處更可盡覽珍貴且開闊的港
灣景致，是陡峭直接的通道。這種規劃街道的理念貫徹整個西
營盤。[1]

這個「完美」的正方形在當時港島街道規劃上是一個重大的突
破。當西營盤納入維多利亞城，這個正方形尚未出現。1857 年港府
隨即平整通往西營盤的街道，1858 年基本上已完成復修和擴闊般咸
道和薄扶林道的道路工程；1860 年 3 月 1 日，政府公布擴充港島東、
西區郊區區域的藍圖，建議將華人社區的邊界向西伸展至正街，向南
至般含道，而皇后大道西至般含道之間會興建呈東西走向的第二街，
是項計劃估計成本約為 631 英鎊。[2] 港府開始構思將華人社區的重心
進一步擴展至西營盤，所以一開始已修築標準的海旁路橫跨所有海
濱地段。街道變得寬闊，並且採用矩形網格規劃。沿路地段在 1861
年 1863 年之間售出，買家全是華人富商。早期大部分的華人精英，
都把資金投進這個新拓展區域。皇后大道西和海旁西之間的土地於

---

1   田恆德、胡佩玲、乙增志：〈發展或是破壞？西營盤的變遷〉，頁 174。

2   CO129/77, "Office of Surveyor General Estimate of the Expense Necessary to Be Incurred
     for the Streets in Suburbs, East and West", 1 March 1860, pp.358-363.

1868 年售出，作貨倉用途，約 1870 年貨倉悉數落成。[3]

　　港府當初的如意算盤是希望有經濟能力的華人和外商進駐西營盤[4]，在規劃西營盤的街道時已經把這個想法貫徹其中。西營盤的區段位處愈高，面積愈大，目的是讓有錢人住在較高的位置，專供與建寬敞的歐式住宅單位。然而，政府忽略了交通配套，從那裏步行到中環商業區路途頗長。人力車到 1880 年代後期才出現，香港缺乏公共馬車或其他交通工具。證諸羅便臣道和干德道雖處較高的位置，但由於 1888 年起山頂纜車提供往來羅便臣道東端位置，同時位置接近中環商業區，因此明顯較受富商歡迎。[5]

■ 第二節 ■　市政建設：完整配套設施

（一）墳場

　　中國傳統習俗向無集體殯葬之殯儀，雖然香港位處中國邊陲，殯儀喪禮仍襲傳統，向無固定的墳場設施。香港境內墳場之設立，實始於香港英屬以後。英國佔領香港初期，由於當時醫學界對熱帶疾病的認識非常有限，大量在港駐紮或居住的外籍軍民相繼染病死亡。港府迫於實際需要，因地制宜，就在草邊山地闢建墳地。丁新豹博士

3　夏思義：〈細說從頭：砵甸乍以西的成長〉，頁 164。

4　CO129/50, "Ground at West Point Required to Be Armed", 9 May 1855, pp.26-50.

5　夏思義：〈細說從頭：砵甸乍以西的成長〉，頁 165。

在《人物與歷史：跑馬地香港墳場初探》一書認為香港墳場是香港最
早期的墳場，該地早在 1841 年已為外國人的墳地（burial ground），
稱為快活谷（Happy Valley）。[6] 其後，多座不同宗教、種族背景的墓
地亦相繼在港島建成，如灣仔天主教墳場（1842）、赤柱軍人墳場
（1843）和香港墳場（1844）等。[7]

（1）巴斯墳場（Parsee Cemetery）

香港英屬初期，猶太籍商人跟隨英軍來港謀商機，第一次土
地拍賣時已有 4 間祆教商行參與，分別有鄧吉霍伊・律敦治洋行、
巴倫治洋行（Cowasjee Pallanjee & Co.）、賈姆塞治洋行（Framjee
Jawsetjee & Co.）和佩斯敦治・卡瓦斯德洋行（Pestonjee Cowasjee &
Co.）。1842 年，香港祆教慈善基金會成立，他們的經濟實力絕不能
忽視；港府極需要這批商人留港投資，撥地予巴斯人興建墳場，某程
度上亦算是一種懷柔管治手法。[8] 根據 1848 年 10 月一幅地圖，顯示西
區北岸的邊陲，即西營盤舊炮台以西的位置標示為巴斯墓地（Parsee
Burial Ground）。[9] 不過，隨着西區土地需求甚殷，港府決定重新規

6　丁新豹：《人物與歷史：跑馬地香港墳場初探》（香港：香港當代文化中心，2008 年），
　　頁 4。

7　鄧家宙：〈香港之墳場列表〉，鄧家宙主編：《香港史地：第二卷》（香港：香港史學會，
　　2011 年），頁 56-68。

8　湯開建、蕭國健、陳佳榮主編：《香港 6000 年（遠古—1997）》，頁 42-49。

9　CO129/26, "Sketch of lot applied for by Mr. Stephenson at Navy Bay, (West Point)",
　　October 1848, p. 180.

劃西區的土地，巴斯墳場亦移去跑馬地。1852 年，港府撥出快活谷地段用作巴斯墳場，而今址的外牆刻有 1852 的年份以茲證明。1858 年，快活谷巴斯墳場正式建成。[10]

（2）華人墓地（Chinese Burial Ground）

　　早期的西營盤面對英屬初期在港人士大量病死，墳場的需求很大。華人最大規模的墓地莫過於太平山區西面墳墓街旁的墓地，其位置為今普仁街一帶，於 1843 年至 1847 年之間建立。我們可以推測該墓地的出現與附近是華人聚居處有莫大關係，由於華人人口不斷膨脹，墓地的需求相應增加，墓地的範圍不斷西進發展，直達今東邊街的位置。

　　1856 年，工務局的報告指出「華人墓地的骸骨太接近地面，使人困擾」，為此通過法例，授權港府設立華人墳場及管制華人的葬儀。[11] 同年，當局規定摩星嶺和黃泥涌兩地為法定的華人墳場，自此太平山區華人墓地停用。上環、西營盤華人人口急升，華人的勢力壯大，要求有自己的中醫院。港府順應民意，1870 年東華醫院建立，原有的華人墓地西遷至摩星嶺或黃泥涌。[12]

10　高添強：〈香港墳場史略〉，張燦輝、梁美儀合編：《凝視死亡——死與人間的多元省思》，頁 218-219。

11　同上註，頁 222。

12　東華三院：《東華三院一百三十年》（香港：香港東華三院，2000 年），頁 20-23。

（3）華人基督教墳場（Chinese Protestant Cemetery）

　　1856 年，香港府新設了兩個華人臨時墓地，以應付一般華人殯葬需求。華人殯葬過程中涉及的儀式，特別是焚香及燒紙等習俗，明顯跟基督教信仰有所衝突。倫敦傳道會、聖公會傳道會及巴色傳道會的傳教士相繼要求港府特別關注華人基督徒的葬地問題，爭取劃出為安葬華人基督徒的專用墓地。1858 年，港府同意在港島西區，鄰近太平山區建墓地，推測該墓地應位於太平山墓地旁邊。1880 年代港府收回華人新教徒墓地，三個教會再度聯名請求政府撥地，1882 年 9 月 2 日，政府刊憲批出薄扶林道以下的西面山坡興建墓地，佔地 43 英畝，即今薄扶林基督教墳場。[13]

（4）回教墳場（Mahomedan Cemetery）

　　1845 年 *Blue Book* 載，港島已有一間印度廟。「來港的印度人，族裔頗複雜，從事體力勞動的，英國人都稱他們為 Lascar……1840 至 1850 年代，有約數十名印度人聚居於上環山邊作小商販……於是港府將該地段拍賣給印度人使用。」1849 年 11 月 27 日的土地拍賣紀錄，所拍賣的地段就在印度廟附近，位置於今摩羅下街。[14] 查最早回教墳場（Mahomedan Cemetery）位於現址般咸道編號 582 地段，聖

13　邢福增：《此世與他世之間：香港基督教墳場的歷史與文化》（香港：基督教文藝出版社，2012 年），頁 83-86。

14　饒玖才：《香港的地名與地方歷史（上冊）——港島與九龍》，頁 66。

士提反中學附近。[15]「在一幅 1863 年的地圖裏，尚可看到半山區一處名為「穆罕默德墳場」的標示，這座墳場可能是為早期英軍中的穆斯林社群而建，不過有關其具體的建立時間，目前尚不清楚。」[16]1867年 5 月 25 日政府憲報，指出這座墳場是 1858 年 10 月 10 日建立的，政府委託 Sheik Mosdeen、Mahomed Arab 和 Seik Jumma 成為穆斯林社群指定的管理人。1870 年 7 月 15 日租了地段 288 號成為新的回教墳場（Mahomedan Cemetery）落成[17]，港府撥出 2,000 元作搬遷費，所有舊墳場的骨殖也遷到新的回教墳場，這便是現今快活谷的回教墳場。[18]為了方便穆斯林準備葬禮和祈禱儀式，墳場內還建了一座小清真寺。港府藉此批出新租約，規定該地段專門撥給穆斯林社群作為墳場使用，當局可隨時收回該地段的使用權。[19]

（二）街市

何謂街市？「街市業者，指港各街市售賣每日居民食物之謂也。

15　"An Ordinance Enacted by the Governor of Hong Kong , with the Advice of the Legislative Council thereof, for enabling Her Majesty to Resume Possession of the Mahomedan Cemetery", *The Hong Kong Government Gazette*, 25 May 1867.

16　高添強：〈香港墳場史略〉，頁 221。

17　陳慎慶編：《諸神嘉年華：香港宗教研究》（香港：牛津大學出版社，2002 年），頁 392。

18　"An Ordinance Enacted by the Governor of Hong Kong , with the Advice of the Legislative Council thereof, for Enabling Her Majesty to Resume Possession of the Mahomedan Cemetery", *The Hong Kong Government Gazette*, 25 May 1867.

19　高添強：〈香港墳場史略〉，頁 221。

如鮮魚雞鴨豬等項……」[20] 街市在城市規劃上，是最重要的公共建設之一，往往位處於地區的中心地帶。街市的特點是每天營業，主要為區內的居民提供固定的糧食和生活的必需品，更是居民聚腳聯繫的地方。香港英屬初期，中環閣麟街與嘉咸街之間已經開設了廣州市場（Canton Bazaar），鄰近皇后大道中的山腳位置。Bazaar，中文音譯「巴剎」，意指市場或市集。「巴剎」這名稱源自印度，由於印度曾是英國的殖民地，藉着英國殖民地活動的擴展，「巴剎」在英國其他的殖民地廣泛應用。[21] 後來，廣州市場遷往皇后大道東一帶，約今址金鐘高等法院。1850 年代初，廣州市場易名為中環街市（Central Market）遷往現址，即海旁德輔道中、皇后大道中、域多利皇后街及祖庇利街之間。由此可見，當一個地區的人口增長到某個程度，港府就會興建一個街市，方便當區人士購物。

（1）上環街市（Western Market）

上環街市建於 1906 年，前身是船政署舊址，分為南北兩座。它以紅磚和花崗石為主要建築材料，石紋紅白相間，構成「永久彩繪」的效果，是為愛德華時期建築風格特色。後因船政署地方不敷應用，遂遷往他處，改作街市用途。有趣的是，上環街市英文名稱

20　香港華商總會：《香港商業年鑑：一九四九年》（香港：香港華商總會，1949 年），頁 35。

21　張曉華：《香港華商史》（香港：明窗出版社，1998 年），頁 2。

是 Western Market，直譯應為西區街市，但華人約定俗成稱作上環街市。上環街市設有果菜枱、雞鴨枱、牛羊肉枱、豬肉枱和鮮魚肉枱等。1934 年 10 月 9 日，上環街市南座接獲潔淨局通知，嚴禁在蔬菜、水果枱上留宿。雖然果菜商人要求收回成命，但最終未獲接納。[22] 上環街市北座自上環市政大廈在 1989 年啟用後，便停止服務。1990 年列為法定古蹟。1991 年由土地發展公司修葺，把原來兩層高的建築物內部擴建為四層，分「舖」、「布」、「食」和「藝」四種用途，是為西港城。[23] 2003 年，西港城重建，增設主題餐廳，並由德藝會有限公司管理。現在上環街市則位於上環市政大廈地下至一樓。[24]

（2）正街街市

西營盤的中心地帶有兩座室內街市，分別是正街街市和西營盤街市。於 1864 年建起了第一代西營盤街市，位置在正街街市地段。1930 年 5 月 16 日，西營盤街市因日久失修，忽然倒塌，壓斃一老婦。由於區內人口日眾，對市場的需求甚股，遂於第一代西營盤街市地段新建街市，外型貌似今中環街市，採用當時鋼筋水泥的新式建築物，以便安置正街街道上的牌檔。[25] 早在上世紀 40 年代，有商人討論

---

22 香港商業彙報編：《香港建造業百年史》（香港：香港商業彙報，1958 年），頁 97。

23 梁炳華：《香港中西區風物誌》增訂版，頁 114-115。

24 爾東：《樂遊香港街市》（香港：明報出版社，2015 年），頁 104-111。

25 〈西市將重新建築〉，香港《工商日報》，1930 年 7 月 29 日。

拆卸正街街市作其他用途，有說其時該區有兩間戲院，均播放國語電影，建議在這空地上興建一間戲院，專門播放歐美電影。又有教育界人士指出西區人口不斷上升，學校的數量嚴重不足，建議該地皮改作官立小學。最後以上兩個方案均沒有被當局採用，正街街市仍舊運作至今。

　　據西營盤老街坊的回憶，上世紀 60 年代，正街街市的排檔由高街向下延伸至皇后大道西，排檔以售賣蔬菜、雜貨、布疋、山貨和鹹魚為主。證諸 1969 年，香港大學亞洲研究中心發表香港小販調查報告，正街小販攤檔及兩旁街舖共計 366 檔，超過一半是蔬果檔，15%攤檔售賣醃製食品等食材，12% 出售日常家庭用品。正街兩旁街舖則有 130 間售賣蔬菜生果，至於西營盤居民想購買肉類則需移師室內街市。而正街露天街市的景觀更成為荷李活電影《蘇絲黃的世界》的電影拍攝場地。[26]

　　1972 年，香港發生「六一八雨災」，連日豪雨造成多處發生山泥傾瀉，更導致半山區的旭龢大廈倒塌。整場雨災造成 156 死 117 傷，各界紛紛舉辦募捐活動，當年正街的小販亦參與義賣，幫助受影響災民。1985 年，正街街市重建落成，位置介乎於第一街及第二街間、正街以西的地段。初期正街街市內仍有乾濕貨提供，後西營盤街市落成，正街專賣乾貨，西營盤街市專賣濕貨。正街街市先後於 1993 年和 2000 年進行兩次翻新工程，增設攤檔數量，加裝冷氣機，吸引原

26　劉天佑：《舖舖為營——西營盤街舖經營調查》。

└ 西港城前身是上環街市北座。

└ 花布街商戶搬遷至西港城，經營模式轉變令生意大不如前。

└ 正街街市。

來街檔小販，然而仍出現不少空置單位。樓上設有熟食中心，部分租戶是由露天街市的大牌檔搬遷過來。據數據所得，2005 年街市超過一半是空置的。[27]

（3）西營盤街市

1932 年 4 月，第二代西營盤街市遷往今址興建，第二代西營盤街市為一座三層高的室內街市。一樓入口位於正街，內有 48 檔鮮魚檔；二樓入口為於第三街，售賣肉類及蔬菜，三樓則設有辦事處及售賣家禽。按《香港建造百年史》介紹：「在新街市落成後，原設在舊街市的肉類枱位，即遷入新街市營業，只餘若干蔬菜枱位仍設在舊街市內。」及後，舊街市一度改為熟食小販市場。[28] 直到上世紀 90 年代，西營盤街市日久失修，已見殘舊，中西區區議會曾研究於梅芳街或西區社區中心設臨時街市，但最終沒有成事。2000 年，西營盤街市再度重建，今為第三代西營盤街市。現西營盤街市主要售賣濕貨為主，建築物外型幾度變易，是西營盤老街坊心目中的地標。

（三）香港佐治五世紀念公園

該公園位置前身為艾遮炮台，保護西營盤一帶的貨倉免受海盜或其他國家艦隊搶奪。1853 年，歐洲爆發「克里米亞戰爭」（Crimean

---

27　爾東：《樂遊香港街市》，頁 126-133。

28　香港商業彙報編：《香港建造業百年史》，頁 55。

War），1854 年 3 月 27 日，英國向俄國宣戰，駐港英軍數目大減，
港府鞏固防務，以對付擾亂香港水域的海盜。[29] 另一方面，傑芬中校
（Lieutenant Colonel Griffin）擔心英俄交惡，俄國太平洋艦隊乘勢沿
海南下，直撲香港島，當時香港武裝根本不足以抵抗俄軍。為此，傑
芬中校調配軍事設施，增強防禦力。先在港島東奇力島，位置在今址
灣仔海底隧道入口處，安炮三門。另在港島西部亦增建軍事設施。軍
方租用艾遮平房（Edgar Bungalow）西北之花園內，即位置於今址佐
治五世公園，設艾遮炮台分上、下層共裝炮十三門。[30]

　　艾遮（Joseph Frost Edger）是立法局最早兩名非官守議員之一 [31]，
1843 年 3 月艾遮（Joseph Frost Edger）成為傑密森‧豪公司（Jamieson,
How and Company）合夥人。1842 年，傑密森‧豪公司在艾遮平房
山下臨海地段 57 號建貨倉。1852 年，約里克‧瓊斯‧繆羅（Yorick
Jones Murrow）買了艾遮平房和 57 號臨海地段。1845 年 7 月 19 日《中
華之友》的出租廣告看出艾遮平房的內部建築：[32]

29　1854 年 5 月 30 日，香港義勇軍又名皇家軍團正式成立，徵召本地人士組成，屬於自願
　　參加，與民兵相同，由英軍陸軍軍官負責訓練。初時限定資格，華人不收，只收有身份
　　地位的外籍人士。結果有 99 名歐籍人士應徵入伍，其中大部分為英籍，餘下者包括有
　　葡籍、德籍及北歐人士。隨歐戰結束，義勇軍解散。1862 年重組，經過四年後再解散。
　　1878 年再以炮兵義勇軍名義成立，是為一支志願部隊。詳見湯開建、蕭國健、陳佳榮
　　主編：《香港 6000 年（遠古—1997）》，頁 102。

30　蕭國健：《香港之海防歷史與軍事遺蹟》（香港：中華文教交流服務中心，2006 年），頁
　　92-93。

31　另一名是怡和洋行的渣甸，任期由 1850 年至 1857 年。

32　施其樂著、宋鴻耀譯：《歷史的覺醒：香港社會史論》，頁 250-251。

└ 西營盤街市。

一幢堅固的房子，有兩間起居室，每間 30 英尺乘 20 英尺，高
1 英尺，用折疊門隨開；有五間大小適中的臥室，每間皆有獨立
衣帽間和洗手間，兩間工人房，前後均有陽台，可以用百葉窗
關上，每個陽台長 100 英尺，寬 12 英尺。平坦的屋頂方便做運
動，還可遠眺港口和大門口的美景。還有供工人居住的寬敞外
屋、貯物室及辦公室。還有一大片院子、花園等等，一個漂亮
的圍牆圍住整個房它位於西角的山脊上，現在歸傑密森·豪公
司（Jamieson, How and Company）所有。

1936 年英皇佐治五世駕崩，港府計劃於香港及九龍各興建一座
紀念公園。[33] 九龍區紀念公園早在 1940 年 8 月正式動工，1941 年 6 月
11 日由當時的布政司史密夫主持開幕禮，觀禮者有各部門高官、中
西紳士及捐款人士共數百人，場面熱鬧。[34] 至於港島區的紀念花園則
選址西營盤，由港府撥出 30 萬元興建，延至 1954 年落成，定名為
「英皇佐治五世紀念公園」。同年 3 月 29 日開幕，由港督葛量洪爵士
主禮。[35]

33　黃巍聰：《香港島西營盤區之發展——從軍營到市鎮（1841-1903）》，頁 195。
34　紀念公園是當時九龍第一所最具規模的仿中國宮殿牌樓式園林建築，佔地面積共達
　　94,000 平方呎，供遊人玩耍休憩。香港淪陷時期，佐治公園被毀，搜掠一空，倖存的
　　只有公園的門樓，後來由政府耗資 119,500 元重修，直至 1954 年 3 月 21 日，重開儀式
　　「鳴金收兵」由彭德主持。
35　〈英皇佐治五世公園明日開幕〉，香港《華僑日報》，1954 年 3 月 28 日。

英皇佐治五世紀念公園設備齊全，深受市民歡迎，公園裏的遊樂設施深受小朋友的喜愛。日據期間，公園位置曾作臨時應急墳場，處理大量因戰亂而死亡的平民。戰後，雖然港府已經將骨殖搬遷到他處，但是有關墳場引伸出來的都市傳聞仍然此起彼落。筆者曾訪問過一個西營盤老街坊，小時候他喜愛到佐治五世公園踢球，有一次不小心將足球踢進草叢裏，拾球的時候竟發現有類似骨頭的東西。時至今天，英皇佐治五世公園易名為香港佐治五世公園，老街坊的口述故事逐漸成為都市傳聞，剩下來的只有在公園的西北角圍牆仍能找到昔日炮台痕跡。

佐治五世公園
總督今午開幕

（國際社）原定去月二十五日開幕之英皇佐治五世紀念公園，嗣因大雨改期。兹悉該公園定於今（五）日下午四時，由總督葛量洪爵士主持開幕。佐該公園位於西營盤東邊街，半年前由港府撥款二十萬元修葺整理，現已成為蔚然美觀。

└ 1954年佐治五世公園正式開幕。

└ 回歸以後，英皇佐治五世紀念公園易名佐治五世公園。

第七章

戰前四環更練
發展史

前言

　　更練本是非常規的地方組織，通常在社會秩序失控時期，採取的臨時動員手段。[1] 香港開埠初期，警力不足，盜賊如毛，四環華商各自組織更練隊，維持華人商業區治安。1866 年，港府順應民意成立團防局，負責管理四環更練。其後，團防局的功能逐漸偏離原來的設計，四環更練不單維持地區治安，亦配合港府的政策，協助執行地區事務。1891 年港府改組團防局，進一步演變半官方的諮詢機構。過去，不少學者研究團防局只着眼於作為華人勢力冒起的憑證，本文嘗試追本溯源探討團防局成立的背景，解構二次大戰前四環更練制度，以及介紹西營盤更練的情況。

1　蕭國健：《香港新界之歷史與文化》（香港：顯朝書室，2011 年），頁 15-21。

■ 第一節 ■ 四環更練的成立背景

（一）治安不靖

香港位處海上交通要衝，海灣多適合船舶停泊，區內盛產漁、鹽、香和珠。加上，海岸線漫長，島嶼星羅棋布，縣衙鞭長莫及。自古以來，香港盜禍頗大，有關記載特別多。早在香港開埠前，新界村落已存在更練組織[2]，部分以地緣關係，組成聯盟民間防衛組織，輪流派村民巡邏。如屯門忠義堂更練團於清乾隆年間創立，由屯門一帶鄉村組成。忠義堂更練團分為 5 股[3]，每股派出壯丁 4 名，更練館位於屯門陶氏宗祠旁[4]，館內供奉關聖帝君及忠義堂英勇神位。[5] 香港開埠初期，治安不靖，盜賊橫行。1842 年，頒布夜行管制，禁止華人在晚間行走。[6] 1857 年，定例局通過法例，華人夜間出門須申請夜行紙，但是始終未能有效解決治安問題。[7]

2　以村落名義組織的更練團，如上水松柏塱村更練團。以地區名義組織的更練團，如外長洲鎮安社防禦公局。

3　坭圍一股，青磚圍、田子園、新慶村一股；屯門新村、藍地村、桃園圍一股；紫田村一股；寶塘廈村、小坑村一股。1933 年坭圍一股退出忠義堂。

4　忠義堂更練館建於 1961 年間，經先後多次重建，2005 年重建落成為三層新型樓宇。

5　蕭國健：《香港新界之歷史與文化》，頁 15-21。

6　1842 年，禁止華人在晚上十一時後在街上行走。1843 年，進一步規定華人每晚九時至十時上街必須持燈，十時過後，華人除看更外一律禁止外出。

7　1858 年，夜行規管進一步提早晚上八時，1871 年 9 月提早晚上七時。市民一旦違例，輕則罰款，重則被笞，成效未能改善，直到 1897 年撤銷。

（二）警力不足，質素欠佳

早期香港的財政入不敷出，部分開支還依賴英國政府補助[8]，因此警務經費十分緊絀。當時，警察主要由歐警、印警和華警組成，其職責是威懾和防範華人，並主力維持中環洋人商戶的治安。前兩者皆不懂粵語，不熟悉華人風俗習慣，根本無法與華人溝通。加上警察素質低劣，時常為非作歹，有時反過來魚肉百姓，紀律蕩然，腐敗不堪。

（三）華人勢力興起

太平天國之亂，廣東一帶政局動盪，大批內地人士逃難來港。他們不再是隻身來港碰運氣的失業人士，而是舉族遷港的富商，他們多在中、上環地區開設商舖。香港人口激增，大量土地需求殷切，中環地區早成為外國人經商重地。華商只好沿維多利亞城北岸東、西兩面發展，西面為西環（西營盤），東面為下環，四環地區均有華人商舖。

1860 年代以後，受惠於香港發達的轉口貿易，香港華人資本逐步壯大，華資的南北行、南洋莊、金山莊相繼崛起，1858 年華資南北行、南洋行、金山莊等只有 35 家，到了 1861 年增加到 75 家，升幅高達一倍。據 1855 年繳納地稅資料顯示，納 40 英鎊以上大戶共88 人，其中華商 18 人，英商 54 人，其他國籍商人 16 人，華商經濟

---

8 1855 年開始，英國政府取消對香港的財政補貼。

實力可見一斑。面對治安日壞的社會環境，港府不能坐視不理，否則
只會迫使華商撤資離港，此舉將會嚴重打擊香港經濟。

（四）保甲法失敗

香港成為英國殖民地後，制度尚未完善，對治理華人毫無經
驗，早期政府絕少干預華人事務，只沿用中國傳統地方監控的方法，
實行保甲制度。1844 年通過 13 號條例，規定香港總督可在港島市
鎮、鄉村及小村落委任華人地保。制度以十戶設一甲長，一百戶設一
保長；甲長和保長由各村自行挑選及保薦，職權與警察相同。保長由
警察巡理府管轄，並由巡理府立例管治。[9]

1853 年頒佈《華僑地保例》，每區納稅人自行選出不少於 10 人，
不多於 24 人給港督審閱，獲批後可成為當地評審員。評審員自行投
票選出一個人當地保。地保職責是排難解紛，地保有權力在太平紳士
監督下簽署協議書、在評審員的協助下裁決案件，判決以書面呈交巡
理府。如華人遇上訴訟問題，可直接向地保求助，大大節省政府行政
成本。[10]1856 年中英因「亞羅號事件」，觸發第二次鴉片戰爭。1857
年港府通過第 6 號條例，進一步賦予地保權力。地保負責維持治安，
補警力不足外，還有裁決民事訴訟的權力。

地保制實行的過程中成效不一。在一些開埠前已存在的村落（如：

9　　CO129/6, "Davis to Stanley", 14, 8th June 1844.

10　丁新豹：〈歷史轉折：殖民體系的建立和演進〉，王賡武主編：《香港史新編》（上冊）（香
　　港：三聯書店，1998 年），頁 96。

赤柱）推行效果顯著。蓋因這些地方早有類似地保制的保甲法，故推行起來較為順利。相反，由新移民組成的四環地區，推行起來卻困難重重，居民之間互不認識，社會結構亦與郊區不同，流動性比較大。[11]有見及此，港督羅便臣於 1861 年廢除地保制。[12] 然而，面對四環地區治安問題，警力嚴重不足，四環商戶只能各自組織更練，維持治安。

由此，港府面對兩難局面，一方面政府財政不足以負擔地方治安，下放權力，依靠民間自組更練確實是解決治安的不二法門。另一方面，四環地區位處維多利亞城中心，如果任由四環商戶組織更練，不作任何的控制措施，很有可能形成地方勢力，動搖港府的管治。是故，港府成立團防局，統籌四環更練，維持城區華人商舖的治安。

■ 第二節 ■ 四環更練沿革

1862 年華人商戶自發成立民壯在街上巡邏，維持區內的治安，保護華商財產。[13] 1865 年初，港島華人區治安日差，經常在光天化日下發生劫掠事件，生命財產無安全保障，華人遂聯合起來，到港督府門口請願，要求華人居民自組團防隊，加強華人區的治安工作，以補警察力量之不足。[14] 1866 年 8 月，港府通過條例，成立保安約，將各

11　另一個原因是受到外國人的反對，認為地保制給予華人過大的權力。

12　丁新豹：《香港早期之華人社會 1841-1870》，頁 509。

13　湯開建、蕭國健、陳佳榮主編：《香港 6000 年（遠古—1997）》，頁 136。

14　同上註，頁 150。

區華人地保制度系統化，由各自為政的組織納入政府管轄的範圍。保
安約由警司監督，職責是巡邏維多利亞城街道，輔助警察防範盜賊。

　　1891 年，身兼輔政司及華民政務司駱克（James Stewart Lockhart,
1858-1937）有見華人富商影響力日大，遂改組團防局，倡議成立團
防局委員會，任命 12 名華人領袖為局紳，以華民政務司為當然主
席，職能是管理「更練基金」，取代非正式委員，實際在涉及華人社
會民生問題上，反映華人民意。團防局局紳任期五年，屆滿後政府視
乎情況可酌情續期。[15] 團防局會議每月舉行一次，「舉凡關係華人之一
切興革事宜，皆取決於該局。」[16] 入選者由總登記官推薦，並由港督
會同行政局委任，他們多為華人領袖，意見普遍受到港府重視，團
防局成為華人與港府的重要橋樑。[17] 1917 年，團防局局紳由 12 名增
至 14 名，新增者由東華醫院和保良局值理主席退任後擔任[18]，任期一
年。[19] 由此可見，團防局委員會的架構超越最初的發展軌道，變成了
政府與香港華人的溝通工具。[20]

15　1922 年，香港大老周壽臣 5 年任期屆滿，港府予以挽留，繼續任命多 5 年。

16　〈國防局定期會議　國防局常會每月舉行一次〉，《天光報》，1936 年 6 月 7 日。

17　丁新豹：〈歷史轉折：殖民體系的建立和演進〉，頁 92。

18　Government Report: Report for 1917 Registrar General.

19　偶有例外者，如 1932 年港府續任譚煥堂為團防局局紳一年。蓋因譚氏樂善好施，在
　　1930 年擔任保良局擔任首總理，籌建保良局，對社會貢獻甚多，故破例連任一年。詳
　　見於香港《華字日報》，1932 年 7 月 16 日。

20　余繩武、劉存寬主編：《十九世紀的香港》，頁 363。

■ 第三節 ■ 四環更練制度

（一）經費

　　每年經費主要來自華商每季按租值抽取舖戶更練費，約佔總支出 60%，餘額則由政府庫房資助。早期按租值每 100 元捐 0.75 元。1910 年代，每 100 元抽 1 元。1924 年，每 100 元抽 1.25 元。[21]

表 7.1：1880 年春季有繳交更練費的街道店舖 *

乍畏街	孖沙街	摩羅下街	文咸西街
文咸大街	樓梯街	荷李活道	皇后大道西
弓弦巷	亞松巷	海旁西	海旁中
磅巷	差館街	永樂街	
長興街	文華里	大道中	威靈頓
海旁石塘咀	紫微街	太和里	景星里
松秀東街	松秀西街	景星里	吉安里
太平山街	太平山街街市	青溪里	亞巴彌
炮台街	同和西街	太王街	厚豐里
同和東街	義益街	海旁	永豐街
第三街	西胡街	聚龍里	交加街
和豐街	高街	上市	廣源東街
第一街	閣麟街	廣源西街	押巴顛

21　戴東培編：《僑港須知》（香港，永英廣告社，1933 年），頁 483-484。

（續上表）

士丹利	德忌笠街	士丹頓	必列者
鋤斷山	香巷	水池巷	結至街
東興街	德興西	卑街	士吉街
威利孖	皇后街	威士打街	倫核士街
海旁中	禧利街	鹹魚街	新東街
畢街	馬里街	中西街	新西街
鎮北行	摩羅上街	中市	興隆街
灣仔皇后大街	交加街	同文街	堅道街
洋船街	石水渠街	四方街	皇后大道東
同文街	永安街	薄胡林	餘樂街（里）
利文舊街	利文新街	太平山西街	太平山東街
嘉咸街	租比利街	皇后大街	永樂大街
荔安里			

＊　Government Notification No.112, *Hong Kong Government Gazette*, 12 May 1880.

（二）服務範圍

　　按 1880 年 5 月 12 日《政府憲報》，巡邏的範圍分為七個保安約，但與人口統計劃分的約有所不同，七約針對維多利亞城的街道佈局，第一約石塘咀、第二約西營盤、第三約太平山、第四約上環、第五約中環、第六約下環和第七約灣仔，亦即是四環地區華商店舖集中地。[22]1910 年，更練巡視範圍擴展至半山。1915 年 5 月 1 日，油麻地

22　何佩然：《城傳立新——香港城市規劃發展史 1841-2015》，頁 35-40。

更練館投入服務，[23]1930 年，四環更練的服務推展至深水埗，[24] 巡邏範圍擴展至九龍區。

（三）組織

四環更練成立初期，人手不多，整個更練組織聘有 6 名練目、37 名巡丁、收銀人和支司人各一名。頭人由地方推薦，受總登記官署管轄。每約租有一更練館，頭人率 3 至 8 名巡丁不等，巡丁的數目多出由當地居民建議，視乎街道商舖的密集情況而定，負責巡邏所屬約內街道商舖。無論是頭人或巡丁，均由港督親自任命。[25]

表 7.2：1881 年四環更練概況

地區	更練館位址	數目
第一約	正街 14 號	1 名練目 3 名巡丁
第二約	皇后大道西 169 號	1 名練目 8 名巡丁
第三約	摩羅下街 51 號	1 名練目 8 名巡丁
第四約	皇后大道中 258 號	1 名練目 6 名巡丁

23　Government Report: Report for 1915 Registrar General.

24　Government Report: Report for 1930 Registrar General.

25　何佩然：《城傳立新——香港城市規劃發展史 1841-2015》，頁 35-40。

（續上表）

第五約	威靈頓街 63 號	1 名練目 8 名巡丁
第六約	皇后大道東 134 號	1 名練目 4 名巡丁

　　以 1880 年為例，西營盤屬於第二約，共有一名頭人和 8 名巡丁，首季支出 238.35 元，更練館位於皇后大道西 169 號。資料如下：[26]

　　第二約頭人　潘佳

　　4 號巡丁　　連二

　　5 號巡丁　　陶簡

　　6 號巡丁　　黃閏

　　7 號巡丁　　尹澤林

　　8 號巡丁　　吳金

　　9 號巡丁　　潘章

　　10 號巡丁　　譚龍

　　11 號巡丁　　甄棟

26　"Number and cost of District Watchmen", *Hong Kong Government Gazette*, 11 June 1881.

表 7.3：1880 年有繳交更練費的西營盤舖戶 *

第一街	新東街	松秀西街	高街
文咸西街	新西街	炮台街	餘樂街（里）
文咸大街	紫微街	第三街	威利孖
海旁西	皇后街	香巷	松秀東街
鹹魚街			

* Government Notification No.112, Hong Kong Government Gazette, 12 May 1880.

　　隨着體制日漸完善，更練的級別分為練目、副練目、一等巡丁、二等巡丁及三等巡丁，而四環更練組織更分為巡邏更練和偵查更練。按 1934 年四環更練營制，共 5 名練目，5 名副練目，26 名偵探，104 名巡丁。1935 年 5 名副練目增加至 6 名，增加一名副練目負責監督九龍區巡丁。[27]

　　1878 年，四環更練分為六約，定額 43 名。遇上有特別需要，可增聘人手，如 1910 年代常有人棄屍在街頭，四環更練成立專門小組處理這些事件。[28] 1910 年代，更練數目增至 100 名；1922 年增至 122 名，其中 20 名為偵探。[29] 有見於香港華人店舖日增，人手明顯不足，為增聘人手，1924 年 7 月起，各店舖每 100 元需多收取 0.25 元。1928 年更練數目增至 125 名。1930 年增加至 133 名，增多的 8 名更

---

27 Government report: report for 1935 registrar general.

28 Government report: report for 1935 registrar general.

29 Government report: report for 1922 registrar general.

練負責巡邏深水埗約。[30]1932 年更練增至 140 名。港府有意設定限
額，避免更練團過度擴張，威脅治權。

（四）職責

四環更練原設定是維持地區治安，協助警察執法。隨後，四環
更練的職責不斷增加，不再局限於維持治安工作。如港府定期進行人
口普查，而負責人口統計的官員多為歐人，不懂與華人溝通，故需四
環更練提供協助，為歐籍官員作嚮導。此外，四環更練與華人福利團
體合作，替保良局追尋出走女童、截查被拐帶到香港當娼的少女，保
護婦女和孩子免被拐帶販賣。[31] 1938 年，天花疫情嚴重，四環更練陪
同東華醫院痘師前往各住戶協助免費注射疫苗。[32]

1919 年，四環更練成立一隊偵緝更練，警方調派一名歐警作聯
絡官，協助管理及訓練事宜，與正規警隊合力撲滅罪行。1928 年政
府檔案指出，更練與正規警察配合得宜，合力偵破不少案件，偵查更
練的素質絕對不亞於歐警。[33] 1935 年，英皇登基銀禧紀念，更練與警
察維持治安。在政府文件上，表揚更練表現卓越。

30　Government Report: Report for 1930 Registrar General.

31　Government Report: Report for 1935 Registrar General.

32　〈沿門贈種洋痘之報告〉，《華字日報》，1917 年 1 月 18 日。

33　Government Report: Report for 1928 Registrar General.

（五）福利

1897 年，為吸引華人入職擔任更練，在太平山、西角、東角等地建更練宿舍。[34] 更練薪金微薄，以 1920 年代為例，每月平均 15 至 17 元，其他地方更練薪金約 22 元，明顯薪金低 20-30%。[35] 1930 年華民政務司為更練和偵探加薪 20%。[36] 此外，設有功名牌制度，獎勵表現卓越的更練。1948 年 5 月 29 日晚乍畏街源泰疋頭莊發生劫案，文咸東約更練奮力追捕，終擒拿兩賊人歸案。為表揚文咸東約值理會忠於職務，特別舉行頒獎會，頒獎給有功更練。[37] 當更練年老期滿，更可享長俸。[38]

小結

當初，四環更練的出現並非港府有意促成，相反由四環華商有感警力不足，為保障自身的財產而自發成立。1866 年，港府通過條例，成立團防局，把原有各不統屬的更練組織整合為一個整體組織，稱為四環更練，方便監管。更重要的是，港府首次直接插手華人團體，將民辦華人社團納入政府架構，目的是「每個更練都必須置於華

---

34 Government Report: Report for 1907 Registrar General.

35 〈官商會議增設更練〉，《華字日報》，1924 年 4 月 12 日。

36 〈團防局更練加薪〉，香港《工商日報》，1930 年 11 月 6 日。

37 〈文咸東約五街值理獎勵四更練〉，香港《大公報》，1948 年 8 月 11 日。

38 〈更練頭食長俸〉，《華字日報》，1925 年 3 月 3 日。

民政務司的控制之下。」[39] 由額員的數目，以至巡邏範圍均有明確指
引，團防局的成立明顯是為了防止四環更練勢力過度擴張。

　　隨着華人的勢力冒起，四環更練職能不斷伸展。團防局不單是
維持地區治安的組織。正如丁新豹博士提及團防局已變成專責處理某
一類事項的半官方諮詢機構，[40] 及後更進一步成為選拔華人政治人才
的搖籃。戰前，所有華人立法局議員均擔任團防局紳。整條華人從政
的階梯已成形，如要立志入立法局，必先成為華人領袖，領有東華三
院、保良局等大型慈善組織值理名銜，其後便能獲港府的賞識，擔任
團防局局紳，然後進入潔淨局，[41] 最後獲委任入立法局。[42]

39　余繩武、劉存寬主編：《十九世紀的香港》，頁 362-363。

40　丁新豹：〈歷史轉折：殖民體系的建立和演進〉，王賡武主編：《香港史新編》（上冊），
　　頁 92。

41　1935 年改名為市政局。

42　丁新豹：〈歷史轉折：殖民體系的建立和演進〉，王賡武主編：《香港史新編》（上冊），
　　頁 94。

第八章

西營盤獨特的
醫院建築

前言

　　香港屬亞熱帶氣候，夏天炎熱多雨，容易爆發疫症。加上早期港府對華人的居住環境缺乏周詳規劃，忽視潛藏的衛生問題。1841年，律敦治（Jehangir Hormusjee Ruttonjee）捐出 12,000 元，在西營盤區興建一間海員醫院，翌年正式啟用。[1] 1848 年，海員醫院遷至灣仔峽道醫院山，原址改為國家醫院，1850 年落成。隨着西營盤納入維多利亞城，該區土地重新規劃，部分臨時墓地搬遷，騰出來的空地轉作其他用途。由於西營盤地價遠低於中、上環，當政府或團體欲建醫療設施，均視西營盤為理想地點，故此區內留下不少醫療與公共衛生的歷史建築。

1　馬冠堯：《香港工程考 II──三十一條以工程師命名的街道》，頁 66-71。

■ 第一節 ■　殖民時期的國家醫院

　　香港開埠數十年，港府沒有足夠資源興建一所民用的政府醫院。
1850 年，國家醫院（Civil Hospital）租用中環嘉咸街一幢小樓房。投
入服務，又稱殖民地醫院，[2] 殖民地醫官（Colonial Surgeon）鄧普斯
特醫生（Dr. James Carroll Dempster）形容國家醫院地方狹窄，空氣
極不流通，污水處理不當。西營盤開發以後，港府於高陞戲院對面重
建國家醫院。[3]1858 年 8 月，港府購買今址菲臘親王牙科醫院地段，
以 10,000 元成交，以當時物價來說已算是頗大的數目。同年 7 月，
新國家醫院正式投入服務，舊國家醫院則改作臨時巡理府。[4]

　　不過，新國家醫院的環境和設備惹來詬病。總醫官艾爾斯醫生
（Philip Ayres）批評新國家醫院不合規格，建築物由樓房改建，舉例
洗手間沒有自來水供應。[5] 1874 年，國家醫院遭颱風侵襲，整座建築
物損毀嚴重，急需重建。醫院暫時遷至荷李活道一所空置酒店，繼續
提供醫療服務。[6] 1878 年，國家醫院又發生火災，整座建築物付之一

2　羅婉嫻：《香港西醫發展史 1842-1990》（香港：中華書局，2018 年），頁 28-32。

3　湯開建、蕭國健、陳佳榮主編：《香港 6000 年（遠古—1997）》，頁 186。

4　馬冠堯：《香港工程考 II——三十一條以工程師命名的街道》，頁 66-71。

5　石翠華：〈瘟疫臨門：衛生基建投資不足的惡果〉，載石翠華、高添強編：《街角‧人情：
　　香港砵甸乍街以西》，頁 252。

6　國家醫院院長宿舍建於 1889 年，還有一座建築物為婦產科醫院。香港曾經天花病肆虐，
　　急需有地方隔離病人，曾一度借用作天花醫院。隨後，天花病院遷往昂船洲，婦產科醫
　　院再次運作。Ka Wai Fan, *Hong Kong Museum of Medical Sciences Society: Plague, SARS,
　　and the Story of Medicine in Hong Kong,* Hong Kong: Hong Kong University Press, pp.86-88.

炬[7]，故短期使用西營盤性病醫院。[8] 國家醫院最初本服務外國人和公務員為主，分為門診部和留醫部。香港華人普遍不相信西醫，寧願前往東華醫院求診，然而國家醫院的使用率相當不俗。[9]

　　按 1890 年《政府憲報》載，國家醫院有 6 名歐籍護士，但沒有提供合適的護士宿舍，導致護士容易生病，促使當局籌建護士宿舍。翌年，國家醫院護士宿舍落成，樓高兩層，佔地 21,114 平方呎，內有 10 間房、5 個客廳、1 間辦公室和飯廳，還附有工人房、浴室、廁所和化學實驗室等。[10] 1936 年，英皇佐治五世駕崩，港府以其名命名港、九兩個公園，港島區佐治五世紀念公園正好座落在國家醫院的院長宿舍和前天花醫院。如今佐治五世紀念公園仍剩下醫院道入口斜坡路旁的圓孔石雕欄杆，以作憑弔。瑪麗醫院於 1937 年建成後，取代了國家醫院原有的功能和角色，現為西營盤賽馬會分科診所。

7　"The Colonial Surgeon annual report 1882", *The Hong Kong Government Notification*, No.255, 21 May 1883.

8　羅婉嫻：《香港西醫發展史 1842-1990》，頁 28-32。

9　1887 年國家醫院收容 1,656 名病人，1891 年有 1,867 人，是年病者當中有差役 570 人、商人 135 人、公務員 179 人、打鬥受傷被法院制裁者 240 人，貧苦無依就醫者 279 人。1890 年國家醫院薪俸支出為港幣 36,131.25 元。詳見梁炳華：《香港中西區風物誌》增訂版，頁 206。

10　Ka Wai Fan, *Hong Kong Museum of Medical Sciences Society: Plague, SARS, and the Story of Medicine in Hong Kong*, pp.86-88.

└ 前國家醫院現改為西營盤分科診所。

└ 前洋人精神病院，現已成為西營盤鐵路出口。

■ 第二節 ■ 精神病院起源地

　　香港開埠初期，港府沒有成立任何醫療部門專門治療精神病患者。歐籍病人送往中區警署監獄與一般囚犯為鄰，少數病人則入住國家醫院，待情況好轉，遣返回國。華人精神病患者更見可憐，他們被鎖上手扣，關進東華醫院小房。1874 年，有歐籍女精神病患者滋擾囚犯，引起當局的關注。港府為安全起見改建一間殘舊的樓房，作為歐人臨時精神病院。這樓房位於今元創坊（即 PMQ）附近，改建費用為 109 英鎊 7 仙 6 便士，最多可收容 10 名病人。由於臨時精神病院陳舊，如遇上颱風，病人只好暫避警局拘留室。1884 年，歐人臨時精神病院拆卸，興建維多利亞書院，只好另覓地方建院。由此可見，華洋分治不但體現於居住層面，醫療系統同樣適用。

　　其實早在 1879 年，英國政府已批准興建一間永久精神病院，然而基於各種理由，工程一直延期。直到 1883 年 4 月才開始動工。[11]1885 年 1 月，香港首間歐籍精神病院終落成，位置在西營盤東邊街和高街交界，提供 14 張床位作短期養病用途，待病情好轉即遣返回國醫治。1891 年 11 月，華人精神病院落成，毗鄰歐人精神病院，樓高兩層，以紅磚及花崗石砌成。院內設有 4 間日間病房，16 間單人小室，可收容 16 位華籍病人。如病人需要急切診治，院方會

11　石翠華，〈瘟疫臨門：衛生基建投資不足的惡果〉，頁 253-254。

安排病人送往廣州惠愛醫院。1906 年，香港通過善待精神病患者法例，兩院合併為域多利精神病院。由於床位需求殷切，港府於 1939 年將國家醫院護士宿舍轉作女性精神病房，診療所改為隔離式的精神病院，同時加建東翼，成為香港第一所精神病治療所。

　　二次大戰以後，高街精神病院共有 123 張病床。由於醫院的空間有限，不足以供病人舒展身體，加上醫療設備配套不足，故當局在屯門興建新的院址。1948 年，精神科醫生葉寶明受聘成為精神病院院長，引進現代精神病的概念和療法，提升本港精神健康服務素質。1960 年，歐人精神病院拆卸，興建戴麟趾康復中心。1961 年，青山醫院落成，舊華人精神病院隨即空置，1972 年改為全港首間美沙酮診所，運作至今。1971 年，高街舊精神病院停辦門診服務，荒廢近 30 年，先後發生兩次火警，內部殘破不堪。[12]

　　傳說香港淪陷期間，高街精神病院曾經成為日軍行刑場地，對面香港佐治五世公園則淪為亂葬崗。因此高街精神病院荒廢後，反而更吸引年青人入內尋幽探秘，屢屢傳出各類靈異故事，「鬼屋」之名遂起。[13] 上世紀 90 年代，香港電影《大迷信》更以勇闖丟空的舊精神病院作賣點。2001 年，高街精神病院終活化為西營盤社區綜合大樓，

12　黃競聰：〈香港文物建築評級制度的反思——以港島三間著名「一級鬼屋」為案例探討〉，載香港史學會編：《香港史地·第一卷》（香港：香港史學會，2010 年），頁 66-85。

13　直到重建後，街坊仍聲稱該處鬧鬼，屢次聽到女鬼叫救命的聲音。演員在拍攝電影《江湖》時，亦聽到「救命聲」。後經查明，「救命聲」原來是出自居住附近的一名年約 50 多歲的精神病患者。

└ 電影《江湖》曾經以前高街精神病院走廊作為拍攝場地。

└ 前精神病院曾經歷火災，內部結構燒毀嚴重，現在只保留麻石外牆。

└ 前精神病院的煙囪。

樓高 9 層，內有托兒所、展能中心及單身人士宿舍等。大樓保留了舊精神病院麻石外牆，內部卻是充滿鋼筋水泥建築物，古雅紅磚駁着現代白色磚牆，整座建築物新舊交雜，觀感極不協調，如同披着殖民地「聖衣」外殼的混種建築。

■ 第三節 ■ 歷史中的性病醫院

香港開埠後，娼妓行業猖獗，妓院多集中擺花街、太平山街和皇后街一帶。1843 年，維多利亞醫院啟用後，不少是患有性病者來求診。雖然港府有意興建性病醫院，但苦無資金，興建計劃一直擱置。1857 年，港府頒布《傳染病條例》，規定性工作者要強制接受身體檢查，獲取醫生證明，方能夠領取牌照。1860 年 10 月，港府動工興建性病醫院，英文名為 Lock Hospital，意謂防止性病蔓延，1861年 5 月正式啟用。[14]

1867 年 7 月 23 日，當局修訂《傳染病條例》，進一步規管香港妓院，減低外國人患性病的風險。該條例頒布後，已登記的妓女必須在指定區域公開經營，並嚴分接待外國人和華人的妓院。前者的妓女必定期前往性病醫院，定期檢查身體，如患上性病則強制接受治療直至康復。此外，政府為防止外國人妓院違法接待華人，要求採用嫖客實名登記制，妓院須記錄嫖客基本的資料，以便當局隨時查核。

14　馬冠堯：《香港工程考 II——三十一條以工程師命名的街道》，頁 66-71。

華人妓院只可以接待華人嫖客，妓女同樣必須接受身體檢查。假如
華人妓院私下接待外國人，將遭受檢控，輕則罰款，重則勒令停止
營業。[15]

　　不少華人娼妓拒絕接受醫生檢查身體，故未獲牌照，導致私
娼情況愈趨嚴重，性病患者有增無減。1887 年，港府撤銷《傳染
病條例》，改為自願檢驗制度。1892 年，性病醫院易名為婦女醫院
（Women's hospital for venereal disease），翌年性病治療納入國家醫院
服務範圍。[16]

■ 第四節 ■　全港首間華人婦產醫院

　　西區社區中心前身是舊贊育醫院和護士宿舍組成的建築群，兩
座建築物明顯非同一時期建成，從建築風格可見一斑。當時嬰兒夭折
率甚高，傳統「執媽」接生服務參差，孕婦生產過程中容易發生意
外。西比醫生（Dr. Alice D. Hickling）是香港首位來港的女西醫。最
初在雅麗氏醫院工作，負責產科服務，並訓練和監管助產士。西比醫
生一直希望成立一所專為華人婦女而設的婦產醫院，幾經努力爭取，
終獲得華人公立醫局委員會主席曹善允的支持，興建全港第一間華人

15　羅婉嫻：《香港西醫發展史 1842-1990》，頁 47-51。

16　Ka Wai Fan, *Hong Kong Museum of Medical Sciences Society: Plague, SARS, and the Story of Medicine in Hong Kong*, pp.89-90.

└ 舊贊育醫院位於第三街與西邊街交界。

└ 舊贊育醫院正門。

婦產醫院。[17]

　　1922 年 10 月 17 日，贊育醫院正式啟用，興建費用 94,000 元，位於西邊街與第三街交界。醫院初期由華人醫局管理委員會管理，共提供 60 張床位，投入服務首年已處理 436 宗個案。隨着華人對西醫日漸信賴，贊育醫院入住率逐年攀升，床位供不應求。1920 年代鼠疫漸受控制，西約公立方便醫局因應需求，進行改建工程，地下改為診所，樓上用作為護士宿舍。1934 年，贊育醫院轉交政府接辦，並與香港大學醫學院合作，成為培訓醫科學生、助產士的基地。贊育醫院廣受華人產婦歡迎，門口常有大量孕婦排隊就診，導致床位嚴重不足，因此醫院只接收第一胎或第五胎以上，以及出現併發症的個案。二次大戰前，贊育醫院每年平均接收 7,000 個案。[18]

　　1955 年，新贊育醫院正式開幕，位於醫院道，原有建築物供其他政府部門使用。1960 年，社會福利署正式進駐舊贊育醫院建築群，命名為「贊育服務處」，設有家庭福利會、盲人福利中心、聾童會、遲鈍兒童訓練中心和圖書館等。[19] 1973 年，贊育服務處再易名為「西區社區中心」，至上世紀 90 年代，移交民政總署管理。現時有不同

17　黃競聰：《拾遺城西：西營盤民間文獻與文物選錄》（香港：長春社文化古蹟資源中心，2015 年），頁 188-195。

18　李緯邦：〈前世今生——西營盤的長春社文化古蹟資源中心〉，詳見網頁：https://reurl.cc/YvVq30。

19　最初，社會福利署希望能借用這地方成為社區中心，剛巧位於西營盤雀仔橋的醫院大樓需重建，門診部遷往此處。詳見〈成立十年的贊育服務處〉，香港《工商日報》，1971 年 5 月 24 日。

的團體在此辦公，主建築有西營盤街坊福利會和仁濟醫院中銀中醫診
所等。舊贊育醫院護士宿舍則活化為長春社文化古蹟資源中心，成為
推廣文化保育的教育場所。[20]

└ 1922 年香港贊育醫院落成，香港
《華字日報》，1922 年 10 月 9 日。

20　詳見拙作：《拾遺城西：西營盤民間文獻與文物選錄》，頁 188-195。

└ 新贊育醫院位於醫院道。

學府林立的
西營盤

前言

　　香港島英屬初期，港府基於政治與經濟的需要，以商業貿易為中心，對教育事業並不重視。香港初期辦學團體主要有三大類型：民辦學校、教會學校和官立學校。[1]西營盤開發以後，吸引不少華人聚居，對學額需求甚殷，故而學府林立。

■ 第一節 ■ 民辦學校

　　民間學塾分為三大類，第一類是私人設館授徒；第二類是團體辦理義學；第三類是富商招聘塾師回家設館，專職教授家庭成員子弟。[2]

1　C. Mackenzie, *Realms of Silver: One Hundred Years of Banking in the East*, London: Routledge & Kegan Paul, pp.56-59, 60.

2　吳倫霓霞：〈教育回顧〉上篇，王賡武主編：《香港史新編》（下冊）（香港：三聯書店，2017 年），頁 428。

　　1843 年《中國叢報》已刊登文章呼籲香港府注意當地人開辦
的學校，並建議設立學校委員會加以管理。[3] 香港開埠初期，港府財
政不穩，沒有足夠資源發展本地教育。1844 年，第二任港督戴維
斯（John Francis Davis）採納郭士立（Karl Gutzlaff）的建議，計劃
用補助形式發展本地教育。翌年，港府任命裁判司希利爾（Charles
Batten Hillier）、牧師史丹頓（The Reverend Vincent John Stanton）
和總登記官英格利斯（A. L. Englis）組成「教育委員會」（Education
Committee），調查港島的教育情況。[4] 港島的私塾共有 9 所，其中一
間位於西營盤。

　　1848 年，港府將原有 3 間私塾轉型為官立學校（Government
School），分別位於維多利亞城、赤柱和香港仔。每月學校將獲政府
補助 10 元，學生免費入讀。[5] 1850 年代教育委員會報告指出，政府
資助的華文學校只能容納 150 個學生入讀，但是適學兒童高達 8,800
名。[6] 因此，不少慈善團體、行會和宗親團體紛紛自發籌建私塾，以
滿足當時學額的需求。

3　*The Chinese Repository*, XII 8, August, 1843, pp.440-441.

4　E.J. Eitel, "Materials for A History of education in Hong Kong, " *The China Review*, XIX 5, 1890-1891, p.314.

5　1848 年三校學生總人數為 95 名，其中維多利亞城 40 名、赤柱 24 名、香港仔 31 名。詳見 Eitel, E.J., *"Materials for A History of Education in Hong Kong, " The China Review*, XIX 5, 1890-1891, p.317.

6　邱小金、梁潔玲、鄒兆麟：《百年樹人：香港教育發展》展覽特刊（香港：香港市政局，1993 年）。

（一）東華三院義學

1880 年，東華醫院成立第一間義學名為「文武廟義學」，位於文武廟旁。其後，東華醫院陸續擴展義學服務。迄至 1903 年，東華醫院已承辦 8 間義學館，其中一間位於西營盤鹹魚街，名為張（秋琴）館。[7] 教育經費由廟宇香油撥款，義學運作與聘任教師均由東華醫院總理決定。直到 1913 年，義學館開始獲政府資助。1928 年，東華醫院增設港、九義學共 21 間，其中 5 間位於西營盤，學生全為男童。[8] 由於義學學額需求殷切，為公平起見，採用執籌方式。自 1940 年當局改用攪珠制，「先將報名者編號位於門首，當眾攪珠，對號入選」。[9]

表 9.1：1915 年西營盤東華義學名單分佈

	學校名稱	地址
1	文武廟第四義學	西營盤正街 11 號 4 樓
2	文武廟第七義學	西營盤正街 8 號 2 樓
3	文武廟第九義學	皇后大道西 60 號 4 樓
4	文武廟第十義學	皇后大道西 308 號 4 樓
5	廣福義祠第二義學	德輔道西 248 號 3 樓

7　義學館沿用私塾模式，初期每校只設一班，每班設教師一人，故以教師之姓氏，以別館名。

8　如文武廟第九義學教授小學一年級至四年級課程，月租 60 元。

9　東華三院董事局主編：《東華三院教育史略》（香港：東華三院寅年董事局，1963 年），頁 43-58。

　　隨社會進步，1931 年東華三院開辦女子義學，分別在西營盤、
灣仔和油麻地區。男女義學共 11 間，收生達 1,167 名，全年經費
34,553.83 元，政府資助 6,600 元。其中，兩間義學位於西營盤，分
別是文武廟西區免費初級小學和廣福義祠女義學。除了總理女義學
由當年總理負擔經費外，餘者均由東華三院轄下廟宇香油收入支
付。[10]1936 年，東華三院為籌募醫藥、慈善及教育經費，遂舉辦賣花
籌款，由義學學生負責。1940 年代，男女義學凡 12 所，分佈於中
環、西營盤、灣仔、黃泥涌、筲箕灣和油麻地六區。此外，東華三院
創辦夜校 6 所，特設工科和商科，以補日校不足。1941 年改行二部
制，分上、下午班，使更多貧苦學童受惠。香港淪陷期間，東華三
院經費緊絀，義學被迫停辦。直到 1946 年陸續復辦 5 間義學，並於
1950 年代註冊為政府津貼學校。[11]

表 9.2：1930 年代東華三院各區義學分佈

地區	學校名稱	地址
中區	文武廟免費高級小學	必列者士街 37 號
	文武廟中區免費初級小學	樓梯街文武廟側
西區	文武廟西區免費初級小學	德輔道西 146 號至 152 號 3 樓

10　文武廟負責 5 所、由廣福義祠負責 3 所、由油麻地天后廟負責 2 所、由灣仔洪聖廟負責
　　一所，故各義學名稱均冠以經費來源的廟宇。

11　冼玉儀、劉潤和主編：《益善行道——東華三院 135 周年紀念專題文集》（香港：三聯
　　書店，2006 年），頁 226-263。

（續上表）

地區	學校名稱	地址
東區	文武廟東區免費初級小學	駱克道 198 號至 202 號 3 樓、4 樓
黃泥涌	文武廟黃泥涌免費初級小學	跑馬地景光街
筲箕灣	廣福義祠第一義學	筲箕灣電車路尾
油麻地	廣福義祠第二義學	油麻地天后廟南書院
	天后廟第一義學	油麻地天后廟北書院
	天后廟第二義學	油麻地天后廟北書院
女義學	廣福義祠女義學	德輔道西 358 號至 387 號 4 樓
	總理女義學	軒尼詩 201 號 4 樓
	洪聖廟女義學	駱克道 302 號 4 樓

（二）陶淑學校

　　1922 年陶淑女學成立，初期校舍在西營盤薄扶林道 35 號。為了增加學校的知名度，校方舉辦展覽會，展示學生的「縫紉顧繡」作品，免費供遊客參觀。[12] 1930 年，陶淑女學擴建校舍，兼設幼稚園，[13] 學級分為初中、高小、初小及幼稚園。1932 年，陶淑女學搬遷至西營盤第四街萃華坊 5 號。[14] 1946 年，陶淑女子中學復辦，一連四幢、樓高四層的新校舍座落在西邊街 31 至 37 號。[15] 翌年，該校慶祝復校一週年，假座華商總會四樓，舉辦一連五天展覽，由當屆東

---

12 〈陶淑女校之展覽會〉，香港《工商日報》，1929 年 8 月 14 日。

13 〈陶淑女校〉，香港《工商日報》，1930 年 2 月 5 日。

14 〈陶淑女校之大擴充〉，香港《工商日報》，1931 年 2 月 24 日。

15 〈陶淑中學修建運動場〉，《華僑日報》，1948 年 2 月 2 日。

華醫院首總理徐季良主持開幕典禮。[16]1948 年，政府批出國家醫院花
園，供學生進行戶外活動，稱為「陶淑運動場」或「陶淑球場」。運
動場設備完善，球場可以用作籃球、排球和球場，並有沙池、鋼架、
鞦韆和旋轉滑梯。同年 4 月 4 日，陶淑運動場定於兒童節開幕，由
校董顏成坤進行剪綵儀式，許展鵬舉行開球禮，禮成後更舉行遊藝
會。[17]1952 年 4 月 1 日，政府收回球場，易名為佐治五世紀念公園。[18]
上世紀 60 年代，陶淑中學因收生不足而停辦。

■ 第二節 ■ 官立學校

　　1860 年代，香港社會逐漸穩定，港府求才若渴，希望建立一所
培訓華人精英的學校。翌年，港府接納英國倫敦傳道會傳教士理雅各
（James Legge）的提意，着手籌辦香港首間官立中學。1862 年，中央
書院落成，第一代校舍位於中環歌賦街。創辦初期，中央書院只招收
華人，1867 年開始招收外國學生，不過報讀的學生仍以華人為主。
1889 年，校址遷至中環鴨巴甸街，改名為維多利亞書院。中央書院
在香港大學未成立前稱為「大書院」，是全港的最高學府。1894 年改

---

16 〈陶淑展覽會　今日上午在華商總會　徐季良主持開幕禮〉，《華僑日報》，1947 年 5 月
　　31 日。

17 〈陶淑運動場　明日開幕〉，《華僑日報》，1948 年 4 月 3 日。

18 〈西區陶淑運動場　改由教育署管理　郭木枝任場主管人〉，《華僑日報》，1952 年 5 月
　　15 日。

稱為皇仁書院，1952 年校舍再遷至銅鑼灣，不少香港政商名人如孫
文、韋玉、何東和何啟等都曾在此就讀。

　　西營盤學府林立，其中不乏官立學校，以下將介紹英皇書院、
李陞學校和般咸道官立學校。

（一）英皇書院

　　英皇書院前身是官立西營盤書院，建於 1865 年，是港府為西區
居民而設的免費小學。1880 年，該書院遷入第三街 35 至 41 號，樓
高兩層校舍，收生共 208 名。後來，該校轉為中學，易名西營盤中英
文書院（Anglo-Chinese School），1891 年收生共 272 名。1914 年西
營盤中英文書院遷至高街新校舍，即今李陞學校，1917 年有 474 名
學生入讀。由於收生日眾，校舍不敷應用，於是在 1922 年，工務局
與羅馬天主教會達成協議，騰出天主教聖安多尼教堂用地，建成新校
舍。[19]1926 年，般咸道新校舍正式啟用，再易名「英皇書院」。1927
年，新校舍曾被短暫徵用為軍部宿舍，遂延至 1928 年學校才正式搬
入現址。1928 年，英皇書院舉行揭幕典禮，盛況空前，由港督金文
泰主禮。[20]

19　梁植穎：《官立英皇書院創校 160 週年紀念文獻圖片集（1857-2017）》（香港：明報出版社，
　　2017 年），頁 18-25。

20　同上註，頁 28-31。

港督金文泰昨日下午兩點半鐘，到西營盤英皇書院舉行開幕典禮，蘇格蘭兵到場奏樂。港督先開大門，後率各界來賓直上大堂。隨由校長摩理士報告該院歷年之經過情形，並謂新校舍可容生徒九百名。科學室佈置極為完備語。隨後各人參觀各課堂，然後散會。[21]

日據時期，日軍佔用校舍，改作飼養軍用騾馬的馬廄。學校的日常運作停頓，所有校內的木製窗框、欄杆和地板均被人盜用作柴薪。香港重光後，校舍破壞嚴重，英皇書院與皇仁書院曾短期共用校舍，1949 年港府撥款 350 萬元計劃重建英皇書院。[22]1950 年 9 月 10 日，英皇書院重新啟用，翌年改為同時收男女生的中學。直到 1960 年重建工程宣告竣工。[23] 現英皇書院仍保留了愛德華時期的紅磚建築，建有英式庭園及柱廊，獲評定為法定古蹟。

（二）李陞學校

李陞學校前身是羅富國師範專科學校附屬小學，原沒有獨立校舍。1953 年，李寶椿先生捐款 25 萬元興建學校，附帶條件是以其先父李陞命名，且要求每年設校祖日，紀念先父李陞。[24] 這一傳統仍然

21 〈英皇書院舉行開幕情形〉，香港《工商日報》，1928 年 3 月 6 日。

22 〈港府將撥矩款重建英皇書院〉，《華僑日報》，1949 年 11 月 24 日。

23 梁植穎：《官立英皇書院創校 160 週年紀念文獻圖片集（1857-2017）》，頁 32-33。

24 香港歷史檔案編號：HKRS156-1-642。

└ 英皇書院。

英皇書院舉行開幕禮情形

港督金文泰昨日下午兩點半鐘，到西營盤英皇書院舉行開幕典禮、蘇格蘭兵到場奏樂、港督先開大門、後舉各界來賓直入大堂、隨由校長歷理士報告該院歷年之經過情形、幷謂新校舍可容生徒九百名、科學室佈置極為完備等語、隨後各人參觀各課堂、然後散會、

└《香港工商日報》，1928 年 3 月 6 日。

堅持至今。每年校祖日，學生代表會向李陞銅像獻上鮮花。李氏後人
會出席典禮，頒發由他們設立的「李寶椿獎學金」和「盧如玉獎學
金」。初期規定 10 月 7 日為校祖日，近年則由校方與李氏後人協商
舉行日期，如 2014 年李陞校祖日為 11 月 7 日。校舍原先設有上、下
午校，共 12 班。[25]

> 此學校將建在前西營盤官立學校之舊址⋯⋯校內有課室十二
> 間，另有手工室及家政室，在校門當眼處，將陳列李陞先生半
> 身像一座⋯⋯[26]

1955 年 1 月 31 日，李陞學校正式開幕。當日，教育司高詩
雅（Douglas James Smyth Crozier）及其夫人陪同港督葛量洪爵士
（Alexander Grantham）主持揭幕典禮。其後，贊助人李寶椿為正門
紀念碑主持揭幕禮。[27]2000 年 2 月，李陞學校轉為全日制小學，下
午校遷至東邊街改名為般咸道官立小學。李陞學校為紀念創校 55 週
年，於校內設「李陞廊」。2010 年 6 月 30 日由李兆增夫人及李瑞智
先生主持揭幕。

25　黃競聰：《拾遺城西：西營盤民間文獻與文物選錄》，頁 138-143。

26　〈李寶椿紀念封翁　捐廿五萬元　建李陞小學〉，香港《工商日報》，1953 年 5 月 28 日。

27　除此以外，當日出席開幕嘉賓包括有：副教育司毛勤（Leonard Geoffrey Morgan）、醫
　　務總監楊國璋优儷、華人代表顏成坤、教育司署高級視學官袁國煊等二百餘人，場面盛
　　大，各大報章爭取採訪報道。

李寶椿紀念封翁
捐廿五萬元建李陞小學

「本報專訊」殷商李寶椿先生，最近慷慨捐廿五萬元，在本港西區開設小學一所，此學校將建在前西營盤官立學校之舊址，大約在本年末或來年初，便可落成。李歐先生，為東華醫院創辦人之一，李寶椿氏對於贊助慈善事業及學校，素其熱心。李歐先生，藉以紀念其封翁，此校命名為李寶椿小學。

今次所捐亙款建校，可見榮善不倦。此新校，亦將捐助學額。此新校將為官立學校，直接由教育司管理，校內有課室十二間，另有手工室及家政室，在校門當眼處，將陳列李陞先生半身像一座，此校之建築將由李何啟怡建師設計云。

└ 香港《工商日報》，1953 年 5 月 28 日。

└ 李陞小學。

（三）般咸道官立小學

1843 年，聖公會史丹頓牧師（The Reverend Vincent John Stanton）抵港，擔任殖民地隨軍牧師，隨即籌備興建教堂和學校。1850 年，聖公會會督施美夫（George Smith）履任。他致函英國聖公會，認為香港經濟發展迅速，難以培育本地宣教人員，故應策略，轉以通過辦學招攬華人信徒。1859 年，拔萃書室（The Diocesan Native Training School）在羅便臣道興建，翌年改稱拔萃女子訓練學校（Diocesan Native Female Training School），專以教育華人子女為宗旨。1863 年，學校遷至西邊街與般咸道交界現址般咸道官立小學。1865 年後，由柯瑟（W. M. B. Arthur）接任校長，其夫人接任校監。及至 1869 年，該校再改名為拔萃書室（The Diocesan Home and Orphanage）所收學生乃不論種族，不分男女，熔冶一爐。迨 1890 年另設女校，原校則專收男生。[28]

1883 年 11 月，孫中山獲夏威夷聖公會主教的介紹信，入讀拔萃書室，翌年轉讀中央書院。1926 年，拔萃書室該校遷往九龍亞皆老街，正式易名為拔萃男書院（Diocesan Boys' School）。1941 年，原校舍轉型為羅富國師範學院（Northcote Training College），是香港第一間專門培訓教師的學校。

羅富國師資訓練學院，昨下午五時半舉行開幕典禮，港督羅富

28　劉粵聲編：《香港基督教會史》（香港：香港基督教聯會，1941 年），頁 159。

國爵士親臨主持……該院建築，共分三層……每個課室均有窗
戶，其大小適足以容二十四人，故每班亦為二十四人，現共有
四班，中英文各二……[29]

日據期間，日軍徵用校舍作憲兵總部，體育館改作馬廄。香港
重光後，庇理羅士女子中學（Belilios Public School）曾短暫使用該校
舍，翌年轉往育才書社上課。隨着政府投放資源培訓教師，校舍不
敷應用，故遷往薄扶林沙宣道，原址則改聯合書院。1972 年，校舍
再改名為羅富國教育學院第二分校。現校舍為般咸道官立小學，前
身是李陞學校下午校。1998 年，港府推行學童全日制，李陞校舍空
間不足以應付上、下午校學生數量，遂使用羅富國師範學院作新校
舍。2000 年 1 月 25 日，新校舍正式啟用，易名為般咸道官立小學。[30]
2020 年 9 月 10 日，般咸道官立小學校舍獲評定為法定古蹟。

■ 第三節 ■　教會學校

香港開埠初期，港府缺乏長遠的統治策略，採用華洋分治的方
式，投放在社會服務和救濟工作的資源十分不足。基督宗教本欲借香

---

29 〈羅富國師資學院　昨舉行開幕典禮　港督親臨主持並致訓詞　全院根據教育則例興
建〉，《大公報》，1941 年 4 月 24 日。

30 陳躬芳女史主編：《百般未央：二十周年校慶暨孫中山銅像復修特刊》（香港：般咸道官
立小學，2021 年），頁 20-29。

└ 般咸道官立小學已評定為法定古蹟。

└ 明愛凌月仙幼稚園。

港作跳板進入內地，惟過程很不順利，故只能暫時退守香港。基督宗教以教育、醫療和社會服務作媒介，傳播福音。部分教會選址華人密集的西營盤開辦教堂，繼而再設立學校，使西營盤成為多間傳統名校的教育搖籃，背後與教會發展有着密不可分的關係。

（一）明愛凌月仙幼稚園

1860 年，第四任港督寶靈爵士女兒艾美莉（Emily Aloysia Bowring）邀請意大利嘉諾撒仁愛會修女來港辦學。艾美莉加入仁愛會成為修女，隨即開辦意大利嬰堂學校，是為嘉諾撒聖心書院的前身。1870 年，艾美莉因患癆疾，英年早逝，年僅 37 歲。1893 年，嘉諾撒仁愛會成立一所寄宿學校，招收 10 歲以下的男童。1907 年，該寄宿學校改為孤兒院。其時孤兒多為女童，因患病遭棄養，她們暫時安排在此養病，年滿六歲如無人認領，便轉往嘉諾撒女童院生活。[31]

1949 年，李寶椿捐款重建寄宿學校成現有的四層高大樓，加裝療養設備，以其母親凌月仙女士命名為凌月仙女修會，兼營日間托兒所和小童療養院。[32] 1968 年，孤兒人數減少，院舍改成幼稚園，與嘉諾撒聖心幼稚園合併為「嘉諾撒凌月仙幼稚園」。至 1993 年嘉諾撒修會在堅道開設了新幼稚園校舍，凌月仙幼稚園交由明愛機構管

31　梁炳華：《香港中西區風物誌》增訂版，頁 186-187。

32　凌月仙女士是番禺深井鄉人，16 歲嫁給李陞。1900 年，李陞去世，凌女士持家有道，且樂善好施，曾捐錢建義學和內地賑災。終年 70 歲，生子 6 人，女 4 人。

理。[33] 校方會安排高班學生，參觀凌月仙銅像和碑記，教導學生認識碑文和凌月仙女士的生平。[34] 2010 年，明愛凌月仙幼稚園獲評為三級歷史建築。

（二）聖類斯中學

聖類斯中學前身是西環感化院，成立於 1863 年。初期在中環威靈頓街附近租地，藉以收容貧困無依的街童，教授木工、縫紉及造鞋等手藝，讓他們學會一技之長。港督羅便臣親臨視察，深受感動，遂撥出第三街一幅空地，興建西環養正院，隨後再加設印刷及包裝書籍等工藝科目，實屬職業先修學校的雛型。[35] 1908 年，西環養正院易名為聖類斯工藝學院及西環孤兒院，校舍交由瑪利諾傳教會（Maryknoll Fathers）管理，原計劃在校舍旁興建香港大學生天主教宿舍，但限於財力和人力，結果計劃被迫擱置。[36]

1927 年，聖類斯工藝學院及西環孤兒院交由鮑思高慈幼會管理，改為一所工藝學校。翌年學院加設印刷、釘裝、木工和縫紉等部門。1934 年，石塘咀火井發生大爆炸，第二任院長、校長韋助力神父（Theodore Wieczorek）親身進出火場拯救災民，並開放校舍，讓

33　明愛凌月仙幼稚園採用以分組教學（small group learning）及活動教學模式（activity approach），讓幼兒按個別的能力和興趣，體驗愉快的學習生活。

34　黃競聰：《拾遺城西：西營盤民間文獻與文物選錄》，頁 154-157。

35　同上註，頁 150-153。

36　聖類斯同學會編：《聖類斯中學九十周年紀念特刊》（香港：聖類斯同學會，2018 年），頁 20-21。

災民暫時棲息。1935 年，慈幼會辦理香港仔兒童工藝院，聖類斯工藝學院只保留印刷及釘裝部。翌年，學校易名為聖類斯中學校，正式開辦中學課程。[37]

　　1941 年 12 月，日軍進攻香港，校舍被防空救護隊臨時徵用。日據時期，聖類斯中學是少數獲日軍政府撥款，繼續開辦課程的學校之一。1953 年，聖類斯中學原印刷及釘裝部遷往九龍鄧鏡波學校，為工藝部畫上完美的句號。1960 年代，聖類斯中學收生日眾，遂重建西翼校舍，1969 年，新西翼大樓落成，由 3 層擴建至 8 層，容納更多學生就讀。1975 年，聖類斯中學轉為津貼中學。[38] 現時聖類斯中學校舍分為東、北、西和中翼，其中東翼大樓歷史最悠久，建於 1936 年，獲評定為二級歷史建築。[39]

37　同上註，頁 20-21。

38　同上註，頁 52-53。

39　〈1444 幢歷史建築物簡要〉，Number 528，取自：https://www.aab.gov.hk/filemanager/aab/common/historicbuilding/cn/528_Appraisal_Chin.pdf。

└ 聖類斯中學。

└ 聖類斯中學校門。

第十章

李陞與早期
香港社會發展

前言

　　每當香港歷史學者研究早期香港華商發展概況，定必引用李陞為例子，作為華商地位躍升的指標。鴉片戰爭以後，內地戰亂頻仍，大量富商舉家南遷本港。其中新會七堡李陞頗具代表性。1850 年代，李陞因避戰亂舉家遷港，自此縱橫商場近五十載，業務遍及世界各地，堪稱十九世紀末香港首富。有趣的是，港島西部有街道和學校，均以李陞家族的名字來命名。由此可見，李陞曾在西營盤大力投資。本文嘗試整理李陞生平事跡，從他參與的經濟活動、慈善事業和社會事務三方面，闡述香港早期社會發展的面貌。

■ 第一節 ■　李陞的生平

　　李陞，字象薰，別號玉衡，生於道光十年（1830），廣東新會七堡人。李陞自小聰敏過人，勤奮好學，精於算術，曾在家鄉擔任教書

先生，開館授徒。1854 年，紅巾兵響應太平軍佔領江門，圍困新會城。同年，李陞舉家逃難往香港。他協助堂兄李良管賬理財，獲其賞識，委以重任。李陞初期從事金錢兌換生意。[1] 1864 年，李良去世，財產暫由李陞保管，並臨終托孤。李陞不但沒有獨吞李良的財產，更待李良之子茂才長大後把期間所得多倍歸還。[2] 自此，李陞頓成族中領袖。

　　1869 年，李陞與多位富商創辦東華醫院，為華人提供中醫醫療服務，亦擔任保良局值理。1870 年後期，李陞開始投資實業，先後聯同其他華商創辦安泰保險公司及廣州城南地基公司，開發大嶼山鉛礦和儋州銀礦、更發起創辦華合電報公司、省港澳輪船公司。1900 年，李陞去世時留下遺產逾 600 萬元，較當年香港歲入還要多出 180 萬元，堪稱香港華人首富。李陞的三子李紀堂支持孫中山革命，推翻滿清政府。八子李寶椿為紀念父母，分別在西營盤捐款興建李陞小學和凌月仙療養院（現為明愛凌月仙幼稚園）。

■ 第二節 ■　李陞與早期香港經濟活動

　　香港開埠初期，來港謀生者多是廣東的勞苦大眾。他們大多隻身來港尋找工作機會，在中區附近聚居，形成市場。1842 年，市場

1　　馮自由：《革命逸史》（中國：新星出版社，2009 年），頁 494-500。

2　　李茂才在民國時期曾任參議院議員。

區進一步擴展為上、中、下市場。[3]1844 年，市場區人口已超越港島其他地區的總和，成為香港島華人商舖最密集的地區。[4]其中，中市場是今址結志街、嘉咸街一帶，接近洋人聚居處，其地段尤見珍貴，遂重新規劃中市場土地，作為洋人商貿地區。港府遂開發太平山區，安置這班被迫遷的居民。[5]其時，迎來的不僅是英軍，還吸引一批從事中國鴉片貿易的外國商人，他們富有冒險精神，看好這片新殖民地的前景。華商思慮則較多，一般不願到這片英國殖民地營商。加上廣州一帶反英情緒高漲，地方官員極力阻撓華商來港貿易。華商在種種不利的因素之下，大多不敢冒險來港投資。不論是財力和社會地位，香港華商始終無法與洋商相比，這種局面直到 1860 年以後才逐漸打破。

（一）金山莊

據 1855 年統計，繳納地稅 40 英鎊以上的大戶共 88 人，其中華商 18 人，英商 54 人，其他國籍商人 16 人、華商仍屬少數。[6]1860 年代以後，香港華人資本逐步發展壯大，華資在香港成為亞洲重要轉口港的過程中脫穎而出，發揮了重要的作用。華資的南北行、南洋莊、金山莊相繼崛起，由經營中國江南和華北兩線的貿易擴大到經營海外

3　丁新豹：《香港早期之華人社會（1841-1870）》，頁 165。

4　"Population," *Blue Book*, Hong Kong: Hong Kong Government Printer, 1844, p.101.

5　何佩然：《地換山移──香港海港及土地發展一百六十年》，頁 44-47。

6　黃競聰：《香港島西營盤區之發展──從軍營到市鎮（1841-1903）》，頁 170-171。

的進出口貿易，在香港國際貿易領域佔有愈來愈高的額份。新遷入的華商又以經營「南北行」和「金山莊」的商人最為著名。[7]

　　1848 年，美國西岸加州發現金礦，三年後澳洲也發現了金礦，需要大量勞工開採。由於香港地理位置優良，自然成為華工的招募、轉運和後勤中心。從 1851 年至 1872 年，經香港前往世界各地的華工高達 32 萬人，遠離他鄉的華工仍念念不忘家鄉貨品，促成專門供應海外華工貨品的商行應運而生。根據香港年報記載，1876 至 1881 年間，南北行和金山莊的數目從 315 間增至 396 間，掌握約當時香港貿易總額的四分之一，成為不可忽視的經濟力量。[8]1881 年，繳納房地稅 3,396 元以上的大戶共 20 人，其中華商 17 人，納稅總額和納稅人數已經遠超過洋商。由此，南北行和金山莊紛紛到港建立，兩者最大分別是來自潮汕和珠江三角洲的商人為代表，並且構成港商的中堅力量。[9]金山莊商人以新會李陞為代表。1869 年，香港華商集資開辦東華醫院，香港各行業公推當中領袖人物擔任倡建總理，其中金山莊選出李陞作為代表。

　　1850 年代，李陞協助堂兄李良打理和興號金山莊。初期李陞從事船舶租賃生意，租用怡和洋行（Jardine Matheson & Co.）船隻，載客前往加州和澳洲，並擔任美資公司旗昌洋行（Russell & Co.）的代

7　前者專門從事南貨北運及北貨南運，「南」指南洋，「北」指中國；後者是為海外華僑代辦各項土產的「辦莊」，代理代辦的貨物和匯駁金銀，抽取一定的佣金。

8　黃競聰：《香港島西營盤區之發展──從軍營到市鎮（1841-1903）》，頁 170-171。

9　張曉華：《香港華商史》，頁 10-13。

└ 李陞是東華醫院倡建總理。

理商。與此同時，和興號兼營苦力貿易、鴉片買賣、錢莊和地產等，
與南北行翹首元發行相比，和興號的業務可算多元化。和興號發展順
利，從李陞所繳交稅款可見一斑，1876 年和興號於全港首 20 名納稅
大戶中名列第 11 位，到了 1881 年已躍升榜首。[10]

（二）開發港島西區

　　1851 年 12 月 28 日，下市場發生大火，火勢迅速蔓延，為了避
免波及中環地區，軍部使用 100 磅炸藥炸毀房屋，堵截火勢，結果
導致 450 間民房被焚毀。[11] 第三任港督文咸（Samuel George Bonham）
藉此機會重新規劃華人社區，利用災場建築廢料進行填海工程，劃出
新街，包括：乍畏街、文咸街和禧利街等，部分小面積的地段則售給
因火災而無家可歸的災民。[12] 新填海的臨海地段可興建碼頭，方便貨
物起卸，由於中環的商業土地已完全被外商所壟斷，華商轉移向西面
擴展。很多從事貿易的華商都選址港島西部設立商號，逐漸形成一股
不可忽視的經濟力量。如 1850 年初，潮商高元盛在文咸西街開設第
一家商號「乾泰隆」，開南北行風氣之先河。[13] 這次填海成功一方面

10　余繩武、劉存寬主編：《十九世紀的香港》，頁 331。

11　何佩然：《地換山移——香港海港及土地發展一百六十年》，頁 47-50。

12　夏思義：〈細說從頭：砵甸乍以西的成長〉，頁 161。

13　潮籍陳煥榮初為船工，累積了積蓄，便自購帆船來往香港、內地，以至南洋各地。陳氏
　　緊接其後與其兄陳宣名伙同族人合資又在文咸西街開設「乾泰隆」商號，經營內地土產
　　運銷南洋，又採購暹羅大米、南洋土產運銷香港、廣東各地。詳見湯開建、蕭國健、陳
　　佳榮主編：《香港 6000 年（遠古—1997）》，頁 92。

增強港府以填海換取新土地的信心，另一方面促使人口逐漸向西移。

　　據《李氏居安堂家譜》載，李陞堂兄李良在港島開埠翌年已經來港發展。「公（李良）擅國畫，而西人酷好中國藝術者極夥，咸傾慕公，由是交遊甚廣，藉悉海外商場情況，乃幡然改圖，從事貨殖，創辦和興金山莊……」[14] 李陞家族是第一批在香港發展房地產的華商，獨具慧眼看透地產市場將會蓬勃發展，遂投放大量資金開發港島西部。除了投放資金興建碼頭和設倉庫外，還開發了李陞街、高陞街、和興東街、和興西街[15]、松秀東街和松秀西街，通過房地產賺取巨額利潤。[16]

　　1878 年，第七任港督堅尼地（Arthur Edward Kennedy）為進一步滿足新來港的華人對土地的需求，加緊開發港島西端的地區，積極填海造地，開闢了後來的堅尼地城。由於地價相對便宜，吸引了商人投資，當中三大富商的支持，分別是李陞、保羅‧遮打（Paul Chater）、梅爾‧沙宣（Mayer Sassoon）。他們投入大量的資金購入堅尼地城的土地。其中，李陞更以禮興號名義，捐出土地，讓三行工人興建魯班廟。[17]1918 年，李寶龍承父志開發堅尼地城，買下山市街一帶地段，把山坡開闢為台階式平地，分別是太白台、羲皇台、青蓮

14　李氏安居堂編：《李氏安居堂家譜》（香港：李氏安居堂，1958 年），頁 24。

15　和興西街現稱皇后街。

16　詳見拙作：《香港島西營盤區之發展——從軍營到市鎮（1841-1903）》，頁 171-172。

17　梁炳華：《香港中西區風物誌》增訂版，頁 160-162。

台、桃李台、學士台、紫蘭台和李寶龍台。[18]

表 10.1：1885 年李陞家族持有第一約和第二約土地差餉紀錄 *

街道	地段	商號
皇后大道西	臨海地段 68B	和興號
	臨海地段 69	
	臨海地段 95	
	臨海地段 58	
	臨海地段 59	
皇后大道西／第一街	內陸地段 453 SEC A	禮興號
德輔道西	臨海地段 233 NO.61-64	和興號
	臨海地段 83 NO.72-79	和興號
	臨海地段 83 NO. 84-93	
	臨海地段 56-57	和興號
	臨海地段 69C	和興號
	臨海地段 69A	
	臨海地段 69B	
	臨海地段 225	和興號

*　*Rates Assessment, Valuation and Collection Books,* 1885.

　　1865 年，加州商人麥科德雷（Frederick William Macondray Jr.）
寫給員工信函中道：「和興（即李陞）在中國人之中，江湖地位很高，

18　夏思義：〈細說從頭：砵甸乍以西的成長〉，頁 167。

└ 李陞曾捐地興建西環魯班廟。

└ 李陞街遊樂場。

影響力極大。」[19] 李陞從土地投資獲取龐大收益，業務轉而進一步拓
展。及後，李陞和弟弟李節成立禮興號，由李節負責處理加州業務，
李陞家族雄踞香港與加州之間貿易。李陞專注香港事務，涉足投資
的項目非常多元化。1877 年，他創辦安泰保險公司，承保往來香港
與外國船務保險。1881 年，安泰保險公司加入香港總商會，成為總
商會第一家華資企業。1882 年，李陞成立華合電報公司亦稱廣州
電報公司，鋪設廣州至香港的電纜。[20]1889 年，英資置地公司（The
Hong Kong Land Investment and Agency Company Limited）由香港著
名商人保羅‧遮打（Paul Chater）及怡和大班占士‧莊士頓‧凱瑟克
（James Johnstone Keswick）創立，為避免華商競爭，特意吸納李陞加
入董事局，足見他當時在香港地產界的地位。

（三）李陞與早期華人的慈善事業

上環是香港早期的華人商業區，而太平山區已成為華人聚居
地。1850 年代，中國內亂頻仍，避難和謀生者與日俱增。他們大多
是出身貧寒的單身男性，經濟條件極差，居住環境惡劣，因此得病而
死者多不勝數。1851 年，14 名行業代表和華人領袖要求港府撥地建
祠，設靈位以供奉客死異鄉的孤寡華人，等候其家人日後接回神主牌

19　夏思義：〈細說從頭：砵甸乍以西的成長〉，頁 198。

20　詳見拙作：《香港島西營盤區之發展——從軍營到市鎮（1841-1903）》，頁 171-173。

往故鄉祭祀。1856 年廣福義祠建成，俗稱百姓廟。[21]

　　廣福義祠投入服務初期，只供安放神主牌位，後因港島沒有華人醫院和殮房，逐漸演變為貧病無依的華人的最後棲息地。加上義祠管理不善，環境惡劣，病者乏人照顧，祠內臭氣熏天，污穢之物隨處可見，嚴重影響鄰近居民生活。1869 年，署理華民政務司李仕德（Alfred Lister）巡視義祠，發現其環境惡劣，輾轉經英文報章報道，引來社會各界反響。港府勒令重整義祠管理組織，港督麥當奴（Richard Graves Macdonnell）接納一些華人領袖的意見，興建一所中醫醫院，收納貧苦病危的華人，提供免費中醫服務。[22]

　　1869 年，港督麥當奴撥出上環普仁街一個地段，資助 115,000元建院費用，翌年頒佈《倡建東華醫院總例》，創辦香港第一間華人醫院，啟用前義祠暫設中醫診所，贈醫施藥。1872 年位於上環普仁街的東華醫院落成。「東華醫院」是取「廣東華人醫院」的意思，用以替代廣福義祠的角色，[23] 運作經費由華人領袖籌募。隨着香港華人經濟實力日漸壯大，所謂「衣食足然後知榮辱」，華商大多樂意集資助慈善事業，通過參與社會事務，提升社會地位，回饋社會大眾。東華醫院創立，管理架構分為三層：總理、協理和值事，三者均為義務性質。其中總理地位最高，由各行業所推舉，故又稱

21　蕭國健：《災患與香港史》（香港：顯朝書室，2009 年），頁 105-120。

22　冼玉儀、劉潤和主編：《益善行道——東華三院 135 周年紀念專題文集》，頁 65-71。

23　早期以中醫中藥療法，贈醫施藥，並且設有大廚房，為留醫病人煎中藥，深受華人歡迎。

「行頭總理」。[24]

表 10.2：東華醫院倡建總理名單

姓名	職位	機構	行業
梁漢雲	主席	仁記洋行	買辦
李陞	首總理	和興金山莊	金山莊
陳桂士	首總理	瑞記洋行	買辦
陳朝忠	總理	同福棧	買辦
羅伯常	總理	匯豐銀行	買辦
楊寶昭	總理	謙吉疋頭行	疋頭
蔡永接	總理	太平洋行	買辦
高滿華	總理	元發南北行	南北行
黃勝	總理	英華書院	學者
鄧伯庸	總理	廣利源南北行	南北行
何錫	總理	建南米行	米行
陳美揚	總理	天和祥	殷商
吳振揚	總理	福隆公白行	公白

　　東華倡建總理共 13 人，均為殷商士紳，當時華人之領袖，李陞入選自不待言。1869 年金山莊同業推舉和興金山莊作為行業代

24　丁新豹：《善與人同：與香港同步成長的東華三院》，頁 35-43。

表，此後連續兩年李陞獲任倡建首總理[25]，地位僅次仁記洋行（Gibb, Livingston & Co.）買辦梁雲漢。李陞樂善好施，熱心公益，「以興學育才為己任，創建中華書社，蔚然為育才書社之前身，先後斥資助學，尤不可勝數……」李陞慈善服務無遠弗屆，時常捐錢在家鄉建橋築路。1862 年，有一艘運載華人前往加州的洋船，途中遇上風暴觸礁。李陞聞訊，隨即出資數萬元派船營救，將所有乘客安全送抵返國。[26] 1871 年，廣州愛育善堂成立，名列廣州九大善堂之首，李陞為倡建首事總理值理之一。愛育善堂時常聯同東華醫院賑災。如 1877 年清遠水災，東華醫院協助愛育善堂助賑，救助飢民十餘萬元。[27]

小結

所謂「時勢造英雄」，正是李陞最佳的寫照。李陞能夠馳騁商場，打破外資壟斷，一躍為香港華人領袖，這與香港早期社會發展有密切關係。1850 年代，內地戰亂頻仍，香港政局相對穩定，吸引不少富商舉家遷港。新會七堡李陞是當中具代表人物之一。他帶來的不僅是巨資，最重要是經商的能力，有助開發香港的經濟。李陞善於把握時機，涉足各種經營致富，如乘勞工販運和海外移民的發展，創辦和興號金山莊；他看準香港土地資源缺乏，投放大量資金開發港島西

---

25 1904 年李紀堂擔任總理。1906 年李寶龍和李寶鴻擔任總理。

26 蔡榮芳：《香港人之香港史（1841-1945）》（香港：牛津大學出版社，2001 年），頁 28。

27 丁新豹：《善與人同：與香港同步成長的東華三院》，頁 64-95。

部。李陞勇於創新，從土地買賣獲取龐大財富，轉而創辦多項現代化
企業，業務遍及世界各地。到了十九世紀末，他納稅款項名列第一，
經濟實力不遜於英商。此外，李陞積極參與慈善及地區事務，他是東
華醫院倡建者，更捐地建廟。他甚得港府信任。1891 年，港府成立
團防局委員會，並獲總登記官推薦為團防局紳。

香港紙紮業
興衰史雜談

前言

紙紮又稱為衣紙，古代稱為紙名器或冥器（即陪葬品），主要用於喪葬和祭祀。紮作是一門歷史悠久的民間手藝。紮作品在沒有機器的年代，均出自人手製作，物料就地取材，運用竹篾、紗紙、漿糊等簡單的材料，憑藉匠人的巧手，配以經驗和技術，就能製作出外形千變萬化的紮作品。[1] 時至今天，每逢香港傳統節慶或祭祀活動，仍有應用紮作品的傳統，常見有獅頭、龍頭、燈籠、花炮、紙紮祭品等。紮作師傅憑着一對巧手，製作出獨一無二的作品，然而其技藝卻是萬變不離其宗。

紮作的程序主要有四個步驟，分別是紮、撲、寫、裝。[2]

1　匠人在製作過程中善用各自的心思和情感，讓用家細味產品背後的藝術價值，其文化內涵絕非機械生產的產品可比擬，充分體現出傳統中國文化的特色。

2　香港紮作聯會主席冒卓祺訪問，2018 年 11 月 29 日。

> 紮：利用竹篾拗成骨架，以紗紙和漿糊固定。
>
> 撲：將紗紙撲在骨架上。
>
> 寫：繪畫圖案及花紋，塗上保護油。
>
> 裝：將不同紮作構件組合和配置各類裝飾。

■ 第一節 ■ 香港紮作業興衰簡史

　　上環至西營盤一帶屬舊區，猶如一位飽歷風霜的老人，見證着早期香港的歷史變遷。該區附近有廣福義祠、東華醫院和義莊，葬儀和紙紮業於是應運而生。當你走在這舊區的街道上，會發現長生店、壽衣店、紙紮舖成為沿街風景。按 1881 年的統計，港九共有 47 間紙紮店，二十世紀初最著名的紙紮店莫過於中上環一帶的金玉樓[3]、黃秋記[4] 和永昌花燈店。[5] 按 1939 年《香港九龍商業分類行名錄》載，紙紮業歸類為婚喪事業門，港九紙紮店舖共有 132 間，其中西營盤就有 11 間。[6]

3　金玉樓位於閣麟街 14 號。

4　黃秋記位於士丹頓街 35 號。

5　永昌花燈店位於摩羅下街 42 號。

6　香港九龍商業分類行名錄出版社：《香港九龍商業分類行名錄》（香港：香港九龍商業分類行名錄出版社，1939 年），頁 487-494。

表 11.1：1939 年西營盤紙紮店紀錄

街道	店舖名稱
第一街	劉裕祥
第二街	袁道館
第三街	永盛、余德記、阮祥記、財源、惠記、新泰昌
正街	源發、廣安
西邊街	寶生昌

1950 年代末，一位資深紮作師傅福伯接受訪問，講述紮作行業的生態。紙紮工人入行平均學師三年，滿師後正式成為師傅，行內稱為橫櫃，然後又要跟老師傅學習更高深的紮作技藝，這才算是原班出身。[7] 隨着社會進步，參與傳統祭祀活動的善信愈來愈少，年輕人更視之為迷信和落伍。紙紮工人普遍薪金低，轉行做其他工作，收入更為優厚。[8] 而一般紮作工人薪金約數十元至百元不等，然而散工佔絕大多數，日薪只有 8 元，膳食由東主提供。[9]1956 年紙紮商號共有百多家，從事紮作卻只有 20、30 人。[10] 紮作工人平均每天工作 15 小

7　〈中秋佳節近紮作工友忙〉，《華僑日報》，1959 年 9 月 3 日。

8　收入不多，視乎其技術造詣，老師傅級數薪金可達每月 200 至 300 元，尚未出外賺取之外快身為師傅者 140 元左右，打雜每月 90 元。工時長，朝七晚十⸱⸱。詳見〈用燈飾點綴中秋燈飾紮作生意見旺〉，《華僑日報》，1960 年 10 月 2 日。

9　〈紮作工友注重技術　三年滿師後才升為師傅〉，《華僑日報》，1960 年 1 月 31 日。

10　鄭寶鴻：《香港華洋行業百年——工業與服務篇》（香港：商務印書館，2016 年），頁122-131。

時，大部分工人月薪不超過 100 元，最終 1960 年觸發勞資糾紛，由勞工處調停下，爭取改善工人待遇。[11]

　　上世紀 60 年代，香港紙紮業踏入黃金時代。當時中國內地發生文化大革命，主張破除舊風俗文化，迫使不少紮作師傅移居香港，以致香港紮作業人才鼎盛。加上美國實施內地禁運，很多外國的華人團體只好轉而在香港購買紮作品，如獅頭、龍和花燈，內地改革開放前，香港的紮作品遠銷歐美地區。[12] 每年自中秋始，紮作工人便十分忙碌，熟手者忙過不停，行有餘力，更可爭取賺外快，[13] 收入稍為增加 10% 左右。[14] 衣紙店一年中有幾個節日收入特別高，包括：農曆初一、清明節、端午節、盂蘭節、中秋節、重陽節和冬至。另外，每月初一、十五都是衣紙銷量暢旺日子。[15]

　　到了上世紀 70 年代，香港工業發展一日千里，工人的薪金不斷上升，反觀紙紮工人的收入較其他行業遜色。[16] 加上，紮作工業介乎工商之間，既從事紮作手藝，也兼顧門市生意，故行內人亦分不清紮

11　〈油燭紮作工會　請求改善待遇〉，香港《工商日報》，1960 年 11 月 23 日。

12　生和隆美術紮作有限公司梁金華訪問，2019 年 6 月 28 日。

13　〈紙料紮作工友　秋節工作繁忙〉，《華僑日報》，1973 年 9 月 13 日。

14　〈乞巧節近中秋將臨　紮作與月餅工作進旺月〉，《華僑日報》，1960 年 8 月 13 日。

15　〈端節民間習俗　紙紮寶鏹暢銷〉，《華僑日報》，1967 年 6 月 13 日。

16　舉例每年農曆 12 月，衣紙舖由初一起已開始加時，第一階段是加 1 小時，第二階段是加 2 小時，第三階段是加 4 小時，在最後一階段工作時數高達 17 小時。許多工人為了趕工都要通宵加班，然而這樣超時工作都沒有補貼，理由是已有年終雙糧。相對起其他工種的工人，加時工作有的獲補貼 10、20 元不等，有些酌撥花紅，令工人收入稍增。詳見〈紙料紮作工友開始加時工作〉，《華僑日報》，1970 年 2 月 9 日。

作行業屬於何種行業。由於待遇不高，旺季工作時數又長，一般初入行者既要學懂紮作，又要認識各種拜神衣紙的用途，並且大多是散工為主，紮作業有旺淡季，淡月期間很多紮作工人都會出現開工不足的狀況，難以吸引「新血」入行。[17]

　　早期，香港紙紮舖售賣的貨品種類和款式單調，以金銀錢和溪錢為主打，莫說是科技產品，連紙紮日常服飾也沒有生產。有需要的話，須特別向香港紙紮師傅訂造，但價錢昂貴，故需求並不殷切。過去著名紙紮店都會涉足廣告行業，如中秋佳節前茶樓餅店會搭建牌樓推銷中秋月餅，吸引街坊注目。意想不到的是，連電影道具的製作也是出自紮作師傅之手。如華達公司拍攝《黃飛鴻之鐵公雞鬥蜈蚣》，禮聘旺角花園街莫榮記訂造一隻十數丈長的布製蜈蚣，早前該紮作店更替該公司製作獅頭，配合《黃飛鴻傳》的拍攝。[18]

　　上世紀 80 年代，內地改革開放，大力發展工業，當地薪金低，地皮便宜，勞動人力充裕，帶動投資者在內地設衣紙工場，生產更多不同款式的紙紮品。內地紙紮工場設在廣東省一帶，東莞、順德、南海、三水、中山、汕頭，遠至福建和廣西均有設廠。由內地製作、加工到大量生產，一條龍式運作大大減低成本，趨使廠商投放資源，購買機器幫助生產。至於香港人力成本不斷上升，紙紮品的原料紙張價格亦不斷上漲，造成本地出產的紙紮品價格難以跟內地競爭。如

---

17 〈紙料紮作情形特殊　亦工亦商半勞半資〉，《華僑日報》，1975 年 5 月 6 日。

18 〈華達公司製十餘丈蜈蚣〉，《華僑日報》，1956 年 5 月 19 日。

1979 年訪問一間灣仔衣紙舖老闆梁先生，他指出相比去年，祭祀衣紙價格上漲高達 20%，顧客戲稱「燒衣有如燒銀紙」。[19] 加上不少傳統紮作玩意亦逐漸受其他替代品的衝擊，令紮作業面臨重大的挑戰。

　　中秋節最受小朋友歡迎的，莫過於玩燈籠⋯⋯傳統的紙製燈籠近年受到塑膠燈籠衝擊，紙製燈籠因為點蠟燭，比較有氣氛，但卻有隨時燒着的危險，小朋友在室內玩隨時會玩出火，對家居安全有潛在危險。而塑膠燈籠用電池及小燈泡，比較安全。以前，本港市面出售的紙花燈，大都是由本地的紙紮舖或工場生產，但近年隨着內地花燈輸港，加上本地人工貴及紮作花燈費時，內地產的花燈已逐漸地佔本港市場，佔銷量九成以上。內地花燈製作精美，而且用玻璃膠紙糊製，頗為悅目，帖上可以摺起，運輸及堆放方便。此外，還會根據客人的要求，專門紮製，十分受零售商的歡迎。[20]

　　內地製作花燈大批運港，製作頗為精美，價錢便宜，加上受到塑膠製的走馬燈的夾擊，令紮作師傅製作的傳統花燈銷情大不如前。加上迷信風氣已見淡薄，紮作生意同受影響。其他行業工人薪金不斷

---

19 〈燒衣有如燒銀紙　紙紮舖生意漸少盂蘭勝會也失色〉，香港《工商晚報》，1979 年 9 月 2 日。

20 〈紙紮燈籠花樣新燃點蠟燭易燒親膠製充場雖異相閃閃生光具氣氛〉，《華僑日報》，1990 年 9 月 17 日。

提升，反觀紮作工人則未見增加。所以紮作商店都是家庭式經營，寧願在旺季時候外聘臨時工。[21] 到了上世紀 80、90 年代，梁有錦師傅眼中能稱得上全能紮作人行內不出 10 人，可見紮作技藝正面對重大的考驗。[22] 時至今天，隨着時代轉變，這些傳統老店都不敵時代巨輪，近幾年已相繼結業，約 1920 年代黃秋記，經歷幾次大火災仍屹立不倒，改名為秋記，經營至近年才結業。[23]

■ 第二節 ■ 生和隆美術紮作

「生和隆」三個字，紮作行業內無人不識。創辦人梁有錦是紮作界殿堂級師傅，現今灸手可熱的紮作師均是其門人，並以曾拜師梁有錦學藝為榮。1930 年梁有錦從順德來港，原打算做電燈技工，由於學費太過昂貴，梁氏無力負擔，只好投靠其舅父，轉而投身紮作行業。[24] 梁有錦 18 歲入行，跟隨金玉樓紮作名師吳棠學藝，又在吉祥紮作當過「行街」，20 多歲自立門戶，數年後創立「生和隆」。梁金華回憶其父生平逸事，指出早期他與兩名友人合資，創立「三和隆」，過幾年獨自開辦「生和隆」。不久梁有錦憑精堪手藝，為 1953 年英

---

21 〈紙料紮作工友　秋節工作繁忙〉，《華僑日報》，1973 年 9 月 13 日。

22 白茹：〈梁有錦手藝巧思馳譽海內外　紙紮業式微人才凋零〉，《清新周刊》，1985 年 9 月 18 日。

23 鄭寶鴻：《香港華洋行業百年：工業與服務業篇》，頁 122-131。

24 白茹：〈梁有錦手藝巧思馳譽海內外　紙紮業式微人才凋零〉，《清新周刊》，1985 年 9 月 18 日。

女皇加冕慶祝活動製作巡遊金龍，自此便闖出名堂。[25]

　　一般人對傳統紮作技藝普遍存有誤解，認為紮作等同「死人野」。生和隆第二代負責人梁金華指出，紮作簡單分為兩大類：一般紮作和美術紮作。祭祀先人用到的就是一般的紙紮，行內會稱為「火燒野」，例如紙紮洋樓、車和童男童女等，這等紮作品通常祭祀後便會火化。美術紮作就不一樣，主要是賀誕時用，例如龍、獅、麒麟和花炮等。從前，這兩類紮作各有師傅負責，各有各做，後來紮作技藝難以維持生計，行內逐漸不再這樣分工。從一張上世紀 60 年代生和隆美術紮作卡片正好說明當時紮作店的業務範疇，計有會場設計、門面裝飾、美術廣告、金龍獅子、明紗紮作、煙花炮竹和婚喪用品。生和隆梁金華回憶，在紮作業最旺盛的時候，生和隆聘請近 10 多人，當中包括畫師、紙紮師傅和伙頭，但絕大部分是散工為主，稱得上是全職的亦只有 2、3 位。[26]

　　梁有錦師傅紮作技藝超凡，過去市政局委託生和隆設計中秋節花燈。[27] 舊怡和大廈未拆卸前，農曆新年掛在建築物的一對金龍，以及聖誕節萬國寶通銀行裝上的聖誕老人燈飾也是出自梁師傅的巧手。梁師傅屢獲香港旅遊協會邀請，出訪外國如澳洲、英國等，示範紮作

25　生和隆美術紮作有限公司梁金華訪問，2019 年 6 月 28 日。

26　生和隆美術紮作有限公司梁金華訪問，2018 年 11 月 29 日。

27　1983 年他設計了「蓮花子母燈」，高 5 呎，分 8 面，以 8 瓣蓮花襯托，當時值 3,000 元。1984 年製作一盞高達 7 米的花燈，名列健力士世界紀錄大全，成為世界最大的花燈，故人稱「花燈大王」。梁師傅為香港旅遊協會與華人風俗促進會合辦的大會中設計一座巨型的「八仙燈」，約 11 呎高，豎立在置地廣場。

└ 生和隆前身為三和隆，站立中間者為花燈大王梁有錦師傅。

└ 生和隆美術紮作位於西邊街。

└ 生和隆梁氏父子合照。

技藝。其中，八仙道賀花燈已列入世界健力士紀錄大全。[28] 紮作雖說是傳統行業，但是生和隆與時並進，引入新技術和紮作材料。

> 昔日紮花燈多用竹篾、紙料，時代不斷進步，有些材料都改良了，例如，以往接駁竹篾，會用砂紙，細紮妥當後再自己調整的漿糊粘固，現在則已改用白膠漿。為求美觀、不易破損，也有用進口的日本絲綢代替紙料，而部分支架也用堅固的鐵線代替竹篾。[29]

梁師傅在一次週刊訪問中指出，自己最喜歡紮龍及人物公仔。他說，龍是代表中國，而公仔可以考個人技術。從公仔的服裝、頭飾及打扮，可以了解是哪一朝代的人物或是歷史人物。[30] 梁有錦早在 80 年代已經積極參與推廣紮作技藝的工作，如 1987 年 6 月 27 日應市政局香港博物館邀請示範燈籠紮作示範。[31] 第二代梁金華從小學習紮作工藝，耳濡目染，練得一身紮作手藝。然而，他開始時並沒有繼承父業，選擇了另一條路，正職是做電腦行業，間或在生和隆最忙碌期

28　白茹：〈梁有錦手藝巧思馳譽海內外　紙紮業式微人才凋零〉，《清新周刊》，1985 年 9 月 18 日。

29　司徒嫣然：《市影匠心：香港傳統行業及工藝》（香港：香港市政局，1996 年），頁 186-189。

30　白茹：〈梁有錦手藝巧思馳譽海內外　紙紮業式微人才凋零〉，《清新周刊》，1985 年 9 月 18 日。

31　〈傳統花燈怎紮作　紮作能手明示範〉，《華僑日報》，1987 年 6 月 26 日。

間客串幫忙。據梁金華憶述,最難忘紮作的經歷莫過於 2005 年錦田十年一屆酬恩建醮。生和隆自 1955 年起,連續六屆承辦錦田酬恩建醮的紮作用品,到了 2005 年梁金華眼見父親年紀老邁,於是臨危受命,辭去工作,在數個月內日夜趕工,終於順利完成。[32]

32　生和隆美術紮作有限公司梁金華訪問,2018 年 11 月 29 日。

└ 2005 年錦田十年一屆酬恩建醮扎作項目由生和隆舉辦。

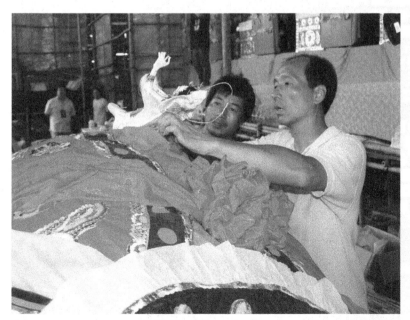

└ 2005 年梁金華師傅參與錦田酬恩建醮紮作項目。

近年七姐信仰式
微，紮作店很少製
作七姐盤。

梁有錦紮作的花燈曾創下
健力士世界紀錄。

＊（此章相片均由梁金華師傅提供。）

第十二章

西營盤常豐里
老福德宮

前言

西營盤是一個華人聚居的老區。如果細心考察會發現這裏並沒有一座具規模的廟宇，唯巷里內供奉土地和伯公的神壇。[1]西營盤的土地神壇亦以用神像來供奉，老街坊每天定時上香拜祭，祈求出入平安。每逢初一、十五更會帶備香燭、神衣祭祀。其中較大規模的要算是常豐里老福德宮。本章將回顧常豐里老福德信仰，從而了解民間信仰與地區發展互動關係。

■ 第一節 ■ 香港民間的土地信仰

土地崇拜源自社與稷的祭祀。許慎《說文解字》云：「社，地主也。」社神名后土，亦即司土，乃掌管土地之神明。傳統以來，每二

1　反觀上環有文武廟，比西營盤發展得更遲的堅尼地城也有魯班先師廟。

十五家為一社，每社設一社壇。每年春分、秋分舉行社祭，聚集街坊
父老，謂之飲社酒。稷即后稷也，是農業守護神。後來，中國人逐漸
將兩者合併拜祭，並以石頭作為象徵物。[2] 新界鄉村常在村口置有神
壇，供奉伯公和福德，負責保護村民安全。土地在神仙譜系中品位低
微，但與人的生活息息相關，特別受人崇拜。香港客家人多稱呼土地
為伯公，本地人和潮州人則稱呼為福德。為了識別土地的職能，土地
的名稱會標示守護的位置，如井頭伯公、榕樹伯公和護圍大王等。

　　隨着社會發展，土地的外型愈趨人格化，樣貌狀似慈祥老伯
伯。後來，又覺得土地公公一個人太孤單，於是在其旁邊供奉了土地
婆婆。神像的造型亦跟隨時代演變，拜土地不單保佑出入平安，更演
變為保護財富的神明。從前，手執拐杖的長者，改為手捧元寶的大老
爺，兩者很容易混淆。2014 年，香港土地誕納入「香港首份非物質
文化遺產清單」，即「香港不同的社區於每年農曆正月籌辦土地誕，
以慶祝土地壽辰」，[3] 共計有 9 個，新界區有 7 個，港島區就只有常豐
里老福德宮入選。[4]

2　蕭國健：《香港歷史與社會》，頁 48。

3　香港首份非物質文化遺產清單，取自：https://mmis.hkpl.gov.hk/zh/ich。

4　按香港首份非遺清單載，香港土地誕包括：上水金錢村、上水圍大元村、大澳半路棚、
　　大澳創龍社、大澳福德宮和元朗南邊圍、西區常豐里和土地婆婆誕。

■ 第二節 ■ 歷史悠久的西營盤老福德宮

（一）老福德宮背景

常豐里是直通西營盤第二街與第三街的巷里，老福德宮是建於梯級平台的街廟。街廟內花崗岩石的神壇上刻有「宣統元年歲次己酉端陽重修」，[5] 即 1909 年前該街廟已經存在。1982 年，副民政主任陳運武到訪老福德宮，鼓勵該會會員申請登記作選民。席間，時任主席李錦泉致歡迎詞：「西區常豐里老福德宮，創自遜清同治年間，西區居民坊眾虔誠信奉，香火鼎盛。」[6] 如果這說法成立的話，老福德宮的歷史可追溯到 1860 年代，但年代久遠，缺乏任何文獻的記載，實際興建年份已無從考究。

許舒推測常豐里老福德宮的建立很可能與 1894 年鼠疫有密切的關係，因之當時常豐里是疫症重災區，居住這地帶的苦力幾乎都患病而亡。[7] 二次大戰以前，西營盤老福德宮深受當區居民和苦力的信奉。善信組織「銀會」，意即捐款到一定的金額，正誕當天會分配胙肉。每年信眾都會組織賀誕活動。報章刊載，西營盤常豐里老福

5　神壇另刻有 1910 年統理周裕蘭茶莊、協理裕興隆、庚戌大值理李榮泰、魏福記、祥泰號、廣生號、合隆號、松記號、悅珍號、梁勝記、德順號、廣財利、李秋記、占元號。

6　〈副民政主任陳運武　訪老福德宮聯誼會　推動地方行政選舉〉，《華僑日報》，1982 年 8 月 26 日。

7　黃競聰：《拾遺城西：西營盤民間文獻與文物選錄》，頁 185。

└ 老福德宮位於常豐里，具有過百年的歷史。

德祠在神誕當天，均會供奉數十頭金豬，賀誕場面何等熱鬧。[8] 有趣的是，1922 年海員大罷工，導致物資供應短缺，物價急升，百物騰貴，連帶豬肉價格較去年急升 3 倍。由於豬肉價格太昂貴，當年取消派發胙肉，一律改派現金。[9] 西營盤福德祠更會邀請戲班，演出神功戲，酬謝神恩。翻查香港保良局的文獻，於 1934 年 2 月 28 日，西營盤土地誕負責人曾捐款 26 元，換取神功戲執照。[10]

　　戰後初期，港島西區有 3 所香火鼎盛的福德宮，分別是太平山福德宮、常豐里老福德宮和福壽里福德古祠。若論賀誕盛況，常豐里老福德祠和太平山福德宮稱得上是一時瑜亮，至於福德古祠被報章稱為「只略具雛形而已」。[11] 福壽里福德古祠的香爐刻有「光緒貳十年歲次甲午」，說明此街廟的歷史追溯自 1894 年，這比起老福德宮現存文物證明更悠久。[12] 從非遺清單資料顯示，福壽里福德古祠被稱為「祖居」。據非善信的老街坊指，常豐里老福德是從福壽里福德古祠分香而來，如第二街友記理髮（已結業）陳師傅說，「常豐里老福德

8　二戰以前，上環太平山街水巷土地廟的賀誕活動同樣熱鬧，更會在東華醫院後面空地舉行搶花炮，由於賀誕人士爭相搶奪，觸發打鬥事件，最終撫華道勒令禁止。詳見鄭寶鴻：《百年香港慶典盛事》（香港：經緯文化出版，2014 年），頁 88。

9　〈土地誕胙肉改分作胙金〉，香港《華字日報》，1922 年 2 月 17 日。

10　香港保良局文獻：《1928 年 1 月至 1934 年 4 月來往數結簿》，頁 96。香港保良局創辦初期，收入不足，普仁街會址落成後，港府諭令各區神誕和醮會負責單位需捐助籌備總款 20% 作局方經費，代替領取演神功戲執照的行政費。

11　〈昨日土地誕　各福德宮香火冷落　酬神花炮寥寥廟祝收入大減〉，《華僑日報》，1948 年 3 月 30 日。

12　福壽里福德宮香爐刻文。

宮是由福壽里搬過來的」。[13] 亦有一說法稱，福壽里福德古祠供奉土
地婆婆，常豐里老福德宮則供奉土地公公。各種傳聞不一而足，莫衷
一是。

　　西營盤兩所福德宮賀誕日子並不一致，常豐里老福德宮正誕是
正月十八，而福壽里福德古祠則是正月二十。按一些老街坊的回憶，
上世紀 60、70 年代的老福德宮賀誕場地在今街廟對出的第一街遊戲
場，即今正街街市至西營盤站出口的位置。老街坊最有印象的是有木
偶戲表演，且有舞獅助慶，參與善信動輒過百人。直到上世紀 80 年
代初，有發展商在該地興建屋苑，附近修建正街街市，賀誕場地遷回
街廟旁搭建竹棚。至於有關福壽里福德誕亦會懸掛花牌，善信帶備衣
紙和祭品來賀誕。

（二）西營盤老福德宮聯誼會

　　1974 年，西區常豐里老福德宮聯誼會購置會所，並正式註冊為
社團組織，代表西區老福德宮信仰步入新里程。同年 9 月 17 日舉行
會所揭幕儀式，當晚成立首屆老福德宮聯誼會職員就職聯歡大會，任
期每兩年一屆。[14] 禮成後有歌曲遊藝助興。[15] 第三屆主席梁有錦在致詞
中提及該會的宗旨：「以奉老福德公，選會章為會員謀福利外，更着

13　第二街友記理髮陳師傅，2012 年 3 月 21 日。

14　每位擔任西營盤老福德宮聯誼會值理可獲贈花燈一盞，他們大多是西營盤的店舖東主，
　　故習慣放在店舖當眼處。

15　〈老福德宮聯誼會　首屆職員就職　自置會所開幕〉，《華僑日報》，1974 年 9 月 18 日。

重群育，體育康樂活動，組織足球隊，經常參加區際足球賽，並獲得分區冠軍，此乃各球員充分體育道德精神所致⋯⋯」隨着西營盤老福德宮信仰聲名日隆，政府官員和商紳亦有參與賀誕活動，前者如港島民政專員許舒，他曾多次擔任主禮嘉賓[16]，後者如鄧肇堅爵士，應受邀主持開光儀式。1978 年，開光儀式由會長梁有錦、嚴九及主席李錦泉陪同鄧爵士進香，並致祝詞，禮成後更設茶會聯歡。又主禮人黃秀山、廖烈文先後致勉詞：「希望該會積極參與社會服務，支持政府推行清潔，撲滅暴力罪行運動，共保坊眾安寧。」[17]由此可見，西區常豐里老福德宮聯誼會的功能不再局限祭祀活動，提供會員的福利，而是更進一步擴展至社會服務[18]，積極支援弱勢社群。[19]

（三）老福德宮民間信仰活動

過去，常豐里老福德宮仍會在常豐里搭建竹棚舉行「西區常豐里老福德宮寶誕」和「西區常豐里老福德宮盂蘭勝會」，形成了獨特的祭祀空間。

---

16 〈西區街坊祝老福德宮誕 許舒專員為神像開光禮 今明日演木偶戲及醒獅娛坊眾〉，《華僑日報》，1971 年 2 月 15 日。

17 〈老福德宮聯誼會 昨賀誕就職聯歡 鄧肇堅主開光黃秀山監督〉，《華僑日報》，1978 年 2 月 26 日。

18 1982 年 8 月 25 日，中西區副民政處副民政主任陳運武特意探訪聯誼會，收集地區的意見，推廣地方行政選舉，鼓勵成員能在不久舉行區議會選舉踴躍投票。詳見《華僑日報》，1982 年 8 月 26 日。

19 1987 年西營盤福德公婆善長捐款 1,000 元，支持華僑日報救童助學運動。詳見〈西區福德公婆善長 捐款 千救童助學〉，《華僑日報》，1987 年 9 月 5 日。

1985 年鄧肇堅爵士駕臨西區常豐里老福德宮聯誼會參神盛
典。（相片由生和隆梁金華師傅提供）

老福德宮聯誼會禮聘儀式專家舉行法事。

　　筆者曾考察過老福德宮寶誕祭祀儀式，於正月十八舉行，屬於二晝三宵的法事。[20] 首日老福德宮廟祝將「保民有道土地福神」木牌神像擺放在神枱上，供聯誼會值理齊集老福德宮集體上香。跟着喃嘸師父進行行朝儀式，巡遊西營盤街道，豎起 13 支幡桿。完成後，喃嘸師父返回廟旁替大士王畫像開光，然後再邀請主禮嘉賓為老福德宮神像主持開光儀式。當晚舉行西區常豐里老福德宮聯誼會聯歡會暨同人春節聯歡讌會，飲宴期間，繼舞獅採青表演後，便開始競投福品，籌集經費。競投成功者會向福德宮上香。[21] 翌日，喃嘸師傅舉行朝幡儀式和誦經，隨後值理和善信輪流上香和化寶，再到福壽里福德古祠參拜。晚上進行祭大幽，俗稱「坐蓮花」。嘸喃師傅進行施食儀式，祭祀孤魂野鬼，分衣施食，超度放生。完成後，代表醮會已接近尾聲，值理會負責送走大士王，亦即是化大士。[22]

　　每年農曆七月初八至十一，常豐里老福德宮會舉行盂蘭勝會，超度當區孤魂野鬼，追悼已故會員，發揚慎終追遠的孝心。搭建祭棚期間，主辦單位張貼告示：「謹啟者：本屆舉行盂蘭勝會建醮，謹詹吉期夏曆七月初八至十一連宵。敦請念佛法事普渡無主孤魂陰施陽濟廣結善緣功德無量，吉期虔誠假座第二街常豐里。」特別的是，籌辦

20　上世紀 80 年代初，老福德宮誕曾舉行四日五夜的祝誕建醮活動。詳見《華僑日報》，1982 年 8 月 26 日。

21　黃競聰：《2009-2012 年西營盤常豐里節慶活動考察筆記》，未刊。

22　大士王又稱鬼王，職責是維持醮場的秩序。不少鄉村化大士，傳統規定所有人要噤不出聲，完成後爆竹聲接踵而來。跟着鑼更齊鳴，打醮便正式結束。

∟ 2011 年，常豐里老福德宮舉行盂蘭勝會。

∟ 從前每逢老福德宮誕都會在常豐里搭建竹棚，舉行二晝三宵的法事。

單位會禮聘喃嘸師傅和天德聖教師傅共同祭祀，此類混合式的法會鮮見於香港法會。據周樹佳研究，這種混合式的法會始於 2004 年，首尾兩天儀式由喃嘸師傅負責，中間誦經部分由天德聖教負責。[23] 凡捐款達一定的數額者，大會會派發一張領取福品收據，可憑收據換取福品乙份。善信相信吃過喃嘸師父誦經的福品，將得到神靈保佑。

（四）常豐里老福德宮信仰之式微

隨着西營盤人口老化，參與西營盤老福德宮信眾日減，部分支持該會的核心成員相繼去世，或因退休失去經濟能力支持賀誕活動。如創會人潘春於 1984 年去世，享年 66 歲。他先後任職西區業主聯誼總會副主席、西區街坊會理事、夏漢雄體育會顧問、歷任東莞工商總會理事、春記雞鴨店東主。[24] 潘春先生熱心社區服務，公益事業不遺餘力，對老福德宮聯誼會貢獻良多，深受西營盤街坊愛戴。[25]

港島西鐵路通車前數年，西營盤陸續出現大量舊式樓宇收購，有的等待時機再重建，有的已拆卸重建。第一街、第二街納入重建計劃，市建局收購了常豐里老福德宮聯誼會的會址，重建為今縉城峰，很多老善信搬離西營盤，新住戶對老福德宮信仰活動沒有認識，甚至

23　周樹佳：《鬼月鈎沉——中元、盂蘭、餓鬼節》（香港：中華書局，2015 年），頁 271-275。

24　〈老福德宮聯會副會長　潘春逝世十三出殯〉，《華僑日報》，1984 年 7 月 11 日。

25　潘老先生出殯時，由中西區區議員和地區組織領袖扶靈柩出禮堂。隨後靈車前往西營盤老福德宮所及恆陞大廈業主案法團門前舉行路祭，備極榮哀。詳見〈老福德宮聯誼會副會長　殷商潘春舉殯榮哀〉，《華僑日報》，1984 年 7 月 15 日。

覺得祭祀活動影響了他們的日常生活。每次祭幽活動，常豐里置有一個大士王紙紮神像，造成煙灰四飛，故是經常遭人投訴。籌辦單位不勝煩擾，多一事不如少一事的心態，決定返潮州做潮州大士王鏡畫，以求一勞永逸。[26]

　　2014 年，西區常豐里老福德宮聯誼會兩名資深會員相繼去世，人手緊絀，加上入不敷支，盂蘭勝會宣告停辦。[27] 翌年，常豐里老福德宮寶誕會亦縮小規模，不再搭棚建醮，而是改作簡單祭祀化衣儀式。不過，西區常豐里老福德宮聯誼會仍然維持燒肉會傳統，在寶誕舉行競投活動。

結語

　　西營盤位於港島北岸的西部，是百多年前早期殖民時代規劃的山城。近年，西營盤重建項目接連開展，鐵路網絡直抵港島西部，正街的行人扶手電梯亦投入服務。西營盤正處於新舊交替的重要時刻，不少時尚名店和高級食肆進駐，更吸引大批年輕人士遷入該區，使西營盤面對翻天覆地的變化。相對而言，傳統老店和民間信仰反過來造成重大的傳承危機。鐵路通車前後，常豐里老福德宮兩個節慶活動相繼停辦，正是最佳證明。

26　2009 年開始改用鏡畫代替，主辦單位覺得既節省紮作費用，又可循環再用，更加免卻街坊的投訴。

27　周樹佳：《鬼月鈎沉──中元、盂蘭、餓鬼節》，頁 271-275。

└ 老福德宮聯誼會會址。

參考文獻目錄

（一）檔案

1. 英文檔案

1. *British Parliamentary Papers* (Shannon: Irish University Press, c1971-1972): China, Vol.12, 23, 24, 25, 26, 30, 31.

2. Colonial Office, CO129/ 2, 1843, 1855, 1856,

3. *Dispatches and Other Papers Relating to the Colony of Hong Kong* (Hong Kong: Noronha, 1899).

4. Great Britain Colonial Office, *Hong Kong Correspondence (20th June, 1981 to 20th August, 1900): Regarding the Extension of the Boundaries of the Colony* (November, 1900).

5. Great British Colonial Office Records, Series 129, 130, 131, 133, 381, 537, 882.

6. Great British Foreign Office Records, Series 17, 233, 881

7. *Hong Kong Government Gazette*, 1853-1903.

8. *Hong Kong Sessional Paper*, 1884-1903

9. *Hong Kong Hansard*, 1890-1903

10. *Historical and Statistical Abstract of the Colony of Hong Kong, 1841-1930* (Hong Kong: Noronha & Company, government printers, 1932).

11. *The Friend of China and Hongkong Gazette, 1842-1861.*

12. *The Ordinances of Hong Kong, July 1865 to December 1870*(Hong Kong: Government. Printer, 1870).

2. 中文檔案

1. 《大清律例》（上海：上海古籍出版社，1987 年），47 卷。

2. 中山大學歷史系中國近代現代史教研組研究室編：《林則徐集公牘》（北京：中華書局，1963 年）。

3. 中外關係史學會編：《中外關係史譯叢》（上海：上海譯文出版社，1985 年）。

4. 中國史學會編：《第二次鴉片戰爭》（上海：上海人民出版社，1979 年）。

5. 中國史學會編：《鴉片戰爭》（上海：神州國光社，1954 年）。

6. 中國第一歷史檔案館編：《鴉片戰爭檔案史料》（天津：天津古籍出版社，1992 年）。

7. 文慶等編：《籌辦夷事始末》（道光朝）（北京：故宮博物院，1930 年），80 卷。

8. 王先謙：《十二朝東華錄》（嘉慶朝）（台北：文友，1973 年）。

9. 王彥威編：《清季外交史料》（光緒朝）（台北：文海出版社，1963 年），218 卷。

10. 古物古蹟辦事署：《1444 幢歷史建築物的評估結果》，網址：https://www.aab.gov.hk/filemanager/aab/en/content_29/AAB-SM-chi.pdf（最後瀏覽日期：2022 年 6 月 17 日）。

11. 《皇清奏議》（上海：上海古籍出版社，1995 年），68 卷。

12. 佐佐木正哉編：《鴉片戰爭の研究（資料篇）》（東京：近代中國研究委員會東京大學出版會，1964 年）。

13. 佐佐木正哉編：《鴉片戰爭前中英交涉文書》（台北：文海出版社，1977 年）。

14. 佐佐木正哉編：《鴉片戰爭後の中英抗爭》（資料篇稿）（東京：近代中國研究委員會，1964 年）。

15. 姚賢鎬編：《中國近代對外貿易史資料：1840-1895》（北京：中華書局，1962 年）。

16. 郝玉麟等總裁：《廣東通志》【electronic resource】（據國立故宮博物院所藏文淵閣四庫全書影印；香港：迪志文化出版；台北：漢珍圖書縮影公司總經銷，2006 年），64 卷。

17. 《清實錄》（北京：中華書局，1986-1987 年）。

18. 科大衛、陸鴻基、吳倫霓霞合編：《香港碑銘彙編》（香港：香港市政局，1986 年）。

19. 胡濱譯：《英國檔案有關鴉片戰爭資料選譯》（北京：中華書局，1993年）。

20. 張星烺、朱杰勤校訂：《中西交通史料匯編》（台北：世界書局，1984年）。

21. 香港古蹟委員會文件編號 AAB/10/85。

22. 彭贊榮：《香港差餉稅收歷史》（香港：香港特別政區政府差餉物業估價署，2005 年）。

23. 郭棐：《廣東通志》（據《日本內閣文庫藏明萬曆 30 年（1602）刻本》影印；台南縣柳營鄉：莊嚴文化事業，1996 年），72 卷。

24. 陳伯陶等：《東莞縣志》（台北：台灣學生書局，1968 年），98 卷，10 冊。

25. 地政總署測繪處：香港地理資料 PDF（網址：http://www.landsd.gov.hk/mapping/en/publications/hk_geographic_data_sheet.pdf）。

26. 阮元等：《廣東通志》（上海：商務印書館，1934 年）。

27. 馬沅：《香港法例彙編第一卷》（香港：華僑日報，1936 年）。

28. 舒懋官主修；王崇熙等纂：《新安縣志》（台北：成文出版社，1974 年），24 卷，2 冊。

29. 黃佐：《廣東通志》【microform】（據嘉靖 40 年版本印，1561 年），70 卷。

30. 靳文謨：《新安縣志》【microform】（康熙戊辰 27 年，1688 年），13 卷。

31. 戴肇辰主修；史澄、李光廷總纂：《廣州府志》（廣州：粵秀書院，光緒5 年，1879 年）。

32. 嚴中平等編：《中國近代經濟史統計資料選輯》（北京：科學出版社，1955 年）。

（二）專著

1. 英文專著

1.　Alfred Y.K Lau. "An Outline of the urban development of Sai Ying Pun in the nineteenth century," *Journal of the Hong Kong Branch of the Royal Asiatic Society* 35 (1995).

2.　Belcher E., *Narrative of a voyage round the world performed in Her Majesty's Ship Sulphur during the years 1836-1842* (Folkestone: Dawsons, 1970), Vol.2.

3.　Bruce Shepherd, *Index to the Streets, Houses and Leases Lots of Victoria, Victoria Peak, and Kowloon, in the Colony of Hong Kong,* (Hong Kong: Kelly & Walsh Limited, 1894).

4.　Collins C., *Public Administration in Hong Kong* (New York: AMS Press, 1975).

5.　E. G. Pryor, "A Historical Review of Housing Conditions in Hong Kong," *Journal of the Hong Kong Branch of the Royal Asiatic Society*, Vol.12 (1972).

6.　Eitel, E.J., "Materials for A History of education in Hong Kong," *The China Review*, XIX (5) (1890-1891). XIX (6) (1890-1891).

7.　Eitel, E.J., *Europe in China: The History of Hongkong from the beginning to the Year 1882* (Taipei: Cheng-wen Publishing Co., 1968).

8.　Empson, Hal, *Mapping Hong Kong: A Historial Atlas* (Hong Kong: Government Printer, 1992).

9.　Endacott, G. B., *A History of Hong Kong* (Hong Kong: Oxford University Press, 1973).

10.　Endacott, G.B., *A biographical sketch-book of early Hong Kong* (Singapore: Eastern Universities Press, 1962).

11.　Endacott, G.B., *Government and People in Hong Kong, 1841-1962: A*

Constitutional History (Hong Kong: Hong Kong University Press, 1964).

12. Evans, D. E., "China Town: The Beginnings of Tai Ping Shan," *Journal of the Hong Kong Branch of the Royal Asiatic Society*, Vol.10 (1970).

13. Faure, David, Hayes, James(eds.), *From Village to City: studies in the Traditional Roots of Hong Kong Society* (Hong Kong: Centre of Asian Studies, University of Hong Kong, 1984).

14. Hunter, William C., *The Fan Kwae at Canton Before Treaty Days, 1825-1844* (Hong Kong: Derwent Communications Ltd., 1994).

15. Kathleen Harland, *The Royal Navy in Hong Kong since 1841*, (Hong Kong: Maritime Books, 1986).

16. Lethbridge, H. J., *Hong Kong: Stability and Change: a collection of essays* (Hong Kong: Oxford University Press, 1978).

17. Lethbridge, H.J., "A Chinese Association in Hong Kong: The Tung Wah," *Contributions to Asian Studies*, Vol.1 (January, 1971).

18. Lethbridge, H.J., "District Watch Committee: 'The Chinese Executive Council of Hong Kong'," *Journal of the Hong Kong Branch of the Royal Asiatic Society*, Vol.11(1971).

19. Lethbridge, H.J., "The Evolution of A Chinese Voluntary Association in Hong Kong: The Po Leung Kuk," *Journal of Oriental Studies*, Vol.10, No. 1 (January, 1972).

20. Morse, H. B., *The International Relations of the Chinese Empire, 1834-1860* (Taipei: Cheng Wen, 1971).

21. Munn, C., "The Hong Kong Opium Revenue, 1845-1885," Brook, T. and Wakabayashi, T. (eds), *Opium Regimes: China, Britain, and Japan, 1839-1952* (Berkeley: University of California Press, 2000).

22. Nathan A. Pelcovits, *Old China Hands and the Foreign Office* (New York: Octagon Books, 1969).

23. Ng Lun, Ngai-ha, "The role of Hong Kong Education Chinese in the Shaping of China," *Modern Asian Studies* (London: Cambridge University Press), Vol.17. No.1.

24. Ng Lun, Ngai-ha, *Interactions of East and West* (Hong Kong: Chinese University Press, 1984).

25. Norton-Kyshe, J.W., *The History of the Laws and Courts of Hong Kong* (Originally published: London: T. Fisher Unwin, 1898, Cambridge: Chadwyck-Healey, 1995 [microform]), Vol.1.

26. Pritchard, E. H., *The crucial years of early Anglo-Chinese relations, 1750-1800* (New York: Octagon Books, 1970).

27. Sinn, E., *Power and Charity: the Early History of the Tung Wah Hospital, Hong Kong* (Hong Kong: Oxford University Press, 1989).

28. Smith, C., "The Chinese Settlement of British Hong Kong," *Chung Chi Journal*, 48(May 1970).

29. Smith, C., "The Emergence of A Chinese elite in Hong Kong," *Journal of the Hong Kong Branch of the Royal Asiatic Society, Vol.11* (1971).

30. Sweeting, Anthony, *Education in Hong Kong pre-1841 to 1941: fact and opinion: materials for a history of education in Hong Kong* (Hong Kong: Hong Kong University Press, 1990).

31. Taylor, E. S., *Hong Kong as a factor in British relations with China, 1834-1860* (M.Phil. thesis, University of London, 1967).

32. *Victoria Barracks 1842-1979*, (Hong Kong: Headquarter British Forces Hong Kong, 1979).

2. 中文專著

1.   丁又:《香港初期史話》(北京:三聯書店,1984 年)。

2.   丁名楠:〈英國侵佔香港地區的經過〉,載《近代史研究》第一期, 1983 年。

3.   丁新豹:《香港早期之華人社會 1841-1870》(香港:香港大學,1988 年, 博士論文未刊稿)。

4.   丁新豹:《人物與歷史:跑馬地香港墳場初探》(香港:香港當代文化中 心,2008 年)。

5.   丁新豹:《善與人同:與香港同步成長的東華三院(1870-1997)》(香港: 三聯書店,2010 年)。

6.   于醒民:〈第一個鴉片貿易合法化協議〉,《史學月刊》,1985 年 4 月號。

7.   小林英夫、柴田善雅:《日本軍政下的香港》(香港:商務印書館,2016 年 1 月)。

8.   王誌信編著:《道濟會堂史:1886-1926》(香港:中華基督教會合一堂, 1986 年)。

9.   王先謙:《東華續錄》(南投:國史館台灣文獻館,1997 年)。

10.   王齊樂:《香港中文教育發展史》(香港:波文書局,1983 年)。

11.   王賡武主編:《香港史新編》(香港:三聯書店,1997 年)。

12.   王惠玲、黃秀顏:《香港口述歷史:集體記憶的採集》(香港:香港大學 亞洲研究中心,2006 年)。

13.   元邦建編著:《香港史畧》(香港:中流出版社,1997 年)。

14.   石翠華、高添強編:《街角‧人情:香港砵甸乍街以西》(香港:三聯書 店,2010 年)。

15.   田英傑編,游麗清譯:《香港天主教掌故》(香港:聖神研究中心,1983 年)。

16.   司徒嫣然:《市影匠心:香港傳統行業及工藝》(香港:香港市政局, 1996 年)。

17.　余繩武、劉存寬主編：《十九世紀的香港》（香港：麒麟書業，1994 年）。

18.　余繩武編著：《割佔香港島》（香港：三聯書店，1995 年）。

19.　余繩武、劉存寬、劉蜀永編著：《香港歷史問題資料選評》（香港：三聯書店，2008 年）。

20.　東華三院：《東華三院一百三十年》（香港：香港東華三院，2000 年）。

21.　東華三院：《香港東華三院百年史略》上冊（香港：香港東華三院庚戌年董事局，1970 年）。

22.　東華三院董事局：《東華三院教育史略》（香港：香港東華三院，1963 年）。

23.　邱小金、梁潔玲、鄒兆麟：《百年樹人：香港教育展覽》展覽特刊（香港：香港市政局，1993 年）。

24.　香港醫學博物館學會：《太平山醫學史蹟徑》（香港：香港醫學博物館學會，2011 年）。

25.　香港崇真會：《基督教香港崇真會救恩堂 150 周年紀念特刊》（香港：香港崇真會，1997 年）。

26.　香港九龍商業分類行名錄出版社：《香港九龍商業分類行名錄》，（香港：香港九龍商業分類行名錄出版社，1939 年）。

27.　香港商業彙報編：《香港建造業百年史》（香港：香港商業彙報，1958 年）。

28.　香港華商總會編：《香港商業年鑑：一九四九年》（香港：香港華商總會，1949 年）。

29.　香港史學會編：《香港史地・第一卷》（香港：香港史學會，2010 年）。

30.　香港史學會編：《香港史地・第二卷》（香港：香港史學會，2011 年）。

31.　杜臻：《粵閩巡視紀略》（台北：台灣商務印書館，1984 年）。

32.　何佩然：《地換山移──香港海港及土地發展一百六十年》（香港：商務印書館，2004 年）。

33.　何佩然：《風雲可測：香港天文台與社會變遷》（香港：香港大學出版社，2004 年）。

34. 何佩然：《點滴話當年：香港供水一百五十年》（香港：商務印書館，2001 年）。

35. 何佩然：《築景思城：香港建築業發展史（1840-2010）》（香港：商務印書館，2010 年）。

36. 何佩然：《城傳立新——香港城市規劃發展史（1841-2015）》（香港：中華書局，2015 年）。

37. 李龍潛：《明清廣東社會經濟研究》（中國：上海古籍出版社，2006 年）。

38. 李氏安居堂編：《李氏安居堂家譜》（香港：李氏安居堂，1958 年）。

39. 邢福增：《香港基督教史研究導論》（香港：建道神學院，2004 年）。

40. 邢福增：《此世與他世之間：香港基督教墳場的歷史與文化》（香港：基督教文藝出版社，2012 年）。

41. 冼玉儀、劉潤和主編：《益善行道：東華三院 135 周年紀念專業文集》（香港：三聯書店，2006 年）。

42. 周廣：《廣東考古輯要》（中國，光緒 19 年，1893 年），卷 30。

43. 周家建、張順光：《坐困愁城：日佔香港的大眾生活》（香港：三聯書店，2015 年）。

44. 周家建、劉智鵬：《忍聲忍語：日治時期香港人的集體回憶》（香港：中華書局，2009 年）。

45. 周樹佳：《鬼月鈎沉：中元、盂蘭、餓鬼節》（香港：中華書局，2015 年）。

46. 屈大均：《廣東新語》（北京：中華書局，1985 年）。

47. 林友蘭：《香港史話》增訂本（香港：上海印書館，1980 年）。

48. 林天蔚、蕭國健著：《香港前代史論集》（台北：台灣商務印書館，1985 年）。

49. 胡宗憲、鄭若曾：《籌海圖編》（台北：台灣商務印書館，1984 年），卷 3。

50. 家思齊編，余秉昭、廖國輝譯：《香港聖類斯中學簡史：慈幼會來港傳教金禧紀念特輯》（香港：聖斯類中學，1977 年）。

51. 徐松：《宋會要輯稿》（台北：世界書局，1964 年）。

52. 馬冠堯：《香港工程考：十一個建築工程故事（1841-1953）》（香港：三聯書店，2011 年）。

53. 馬冠堯：《香港工程考 II：三十一條以工程師命名的街道》（香港：三聯書店，2014 年）。

54. 馬金科主編：《早期香港史研究資料選輯》（下冊）（香港：三聯書店，2019 年）。

55. 袁永綸：《靖海氛記》箋註專號，《田野與文獻：華南研究資料中心通訊》（季刊），期 46（2007 年 1 月）（香港：香港科技大學，2007 年）。

56. 夏歷：《香港東區街道故事》（香港：三聯書店，1995 年）。

57. 梁炳華：《香港中西區風物志》增訂版（香港：中西區臨時區議會，1999 年）。

58. 梁炳華：《香港中西區地方掌故》（香港：中西區區議會，2005 年）。

59. 梁炳華：《香港離島風物志》（香港：離島區議會，2007 年）。

60. 梁炳華：《南區風物志》新修版（香港：南區區議會，2009 年）。

61. 梁植穎：《官立英皇書院 160 周年紀念文獻圖片集（1857-2017）》，（香港：明報出版社，2017 年）。

62. 許地山編：《達衷集》（香港：龍門書店，1969 年）。

63. 郭棐：《粵大記》（廣州：中山大學出版社，1998 年）。

64. 陳昕、郭志坤編：《香港全紀錄》（香港：中華書局，1997 年）。

65. 陳慎慶編：《諸神嘉年華——香港宗教研究》（香港：牛津大學出版社，2002 年）。

66. 陳翠兒、蔡宏興主編：《空間之旅：香港建築百年》（香港：三聯書店，2005 年）。

67. 陳躬芳女史主編：《百般未央：二十周年校慶暨孫中山銅像復修特刊》（香港：般咸道官立小學，2021 年）。

68. 陳智衡：《太陽旗下的十架：香港日治時期基督教會史（1941-1945）》（香

港：建道神學院，2009 年）。

69. 施其樂著，宋鴻耀譯：《歷史的覺醒：香港社會史論》（香港：香港教育圖書公司，1999 年）。

70. 施志明：《香港開埠初期之社會變遷（1842-1900）》（香港：香港珠海大學中國歷史系碩士論文，未刊）。

71. 張燦輝、梁美儀合編：《凝視死亡──死與人間的多元省思》（香港：中文大學出版社，2005 年）。

72. 張曉華：《香港華商史》（香港：明報出版社，1998 年）。

73. 湯國建、蕭國健、陳佳榮編：《香港 6000 年：遠古─1997》（香港：麒麟書業，1998 年）。

74. 湯泳詩：《一個華南客家教會的研究：從巴色會到香港崇真會》（香港：基督教中國宗教文化研究社，2002 年）。

75. 馮邦彥：《香港華資財團：1841-1997》（香港：商務印書館，2002 年）。

76. 馮邦彥：《香港地產百年》（香港：三聯書店，2006 年）。

77. 馮自由：《革命逸史》（中國：新星出版社，2009 年）。

78. 鄭寶鴻：《港島街道百年》（香港：三聯書店，2012 年）。

79. 鄭寶鴻：《百年香港慶典盛事》（香港：經緯文化出版，2014 年）。

80. 鄭寶鴻：《香港華洋行業百年──工業與服務篇》（香港：商務印書館，2016 年）。

81. 鄭宏泰、黃紹倫：《山巔堡壘：何東花園》（香港：中華書局，2012 年）。

82. 黃南翔編著：《香港古今》（香港：奔馬出版社，1992 年）。

83. 黃競聰：《風俗通通識》（香港：長春社文化古蹟資源中心，2012 年）。

84. 黃競聰：《拾遺城西：西營盤民間文獻與文物選錄》（香港：長春社文化古蹟資源中心，2015 年）。

85. 黃競聰編：《香港非遺便覽與實踐》（香港：長春社文化古蹟資源中心，2017 年）。

86.   詹志勇、李思名、馮通編：《新香港地理》，上冊（香港：天地圖書，2011 年）。

87.   爾東：《樂遊香港街市》（香港：明報出版社，2015 年）。

88.   劉存寬：《香港史論叢》（香港：麒麟書業，1998 年）。

89.   劉存寬編著：《租借新界》（香港：三聯書店，1999 年）。

90.   劉恂：《嶺表錄異》（北京：中華書局，1985 年）。

91.   劉粵聲主編：《香港基督教會史》（香港：基督教聯會，1941 年）。

92.   劉蜀永：《割佔九龍》（香港：三聯書店，1995 年）。

93.   劉蜀永主編：《簡明香港史》（香港：三聯書店，1998 年）。

94.   劉潤和：《新界簡史》（香港：三聯書店，1999 年）。

95.   劉潤和：《香港史議會史（1883-1998）——從潔淨局到市政局及區域市政局》（香港：歷史博物館，2002 年）。

96.   劉智鵬、劉蜀永編：《新安縣志》香港史料選（香港：和平圖書，2007 年）。

97.   劉智鵬主編：《展拓界址：英治新界早期歷史探索》（香港：中華書局，2010 年）。

98.   劉詩平：《洋行之王——怡和》（香港：三聯書店，2010 年）。

99.   劉紹麟：《香港華人教會之開基：一八四二至一八六六年的香港基督教會史》（香港：中國神學研究院，2003 年）。

100. 劉義章編：《香港客家》（香港：廣西師範大學出版社，2007 年）。

101. 劉天佑：《舖舖為營——西營盤街舖經營調查》（香港：長春社文化古蹟資源中心，2017 年）。

102. 鄧德濂：《清咸豐年間廣東天地會（1851-1861）》（香港：珠海學院，未刊）。

103. 蔡榮芳：《香港人之香港史》（香港：牛津大學出版社，2001 年）。

104. 黎晉偉編：《香港百年史（一九四八）》（香港：南中編譯出版社，1948 年）。

105. 魯言：《香港掌故（第一集）》（香港：華風書局，1990 年）。

106. 盧受采、盧冬青：《香港經濟史》（香港：三聯書店，2002 年）。

107. 賴連三著、李龍潛點校：《香港紀略》（中國：暨南大學出版社，1997 年）。

108. 蕭國健：《清初遷海前後香港之社會變遷》（台北：台灣商務印書館，1986 年）。

109. 蕭國健：《香港前代社會》（香港：中華書局，1990 年）。

110. 蕭國健：《香港新界家族發展》（香港：顯朝書室，1991 年）。

111. 蕭國健：《香港歷史研究》（香港：顯朝書室，2004 年）。

112. 蕭國健：《油尖旺區風物志》（香港：油尖旺區議會出版，2006 年）。

113. 蕭國健：《香港之海防歷史與軍事遺蹟》（香港：中華文教交流服務中心，2006 年）。

114. 蕭國健：《香港古代史》修訂版（香港：中華書局，2006 年）。

115. 蕭國健：《災患與香港史》（香港：顯朝書室，2009 年）。

116. 蕭國健、謝永昌：《國民黨之香港百年史略》（香港：中華文教交流服務中心，2010 年）。

117. 蕭國健：《香港新界之歷史與文化》（香港：顯朝書室，2011 年）。

118. 蕭國健：《探本索微：香港早期歷史論集》（香港，中華書局，2015 年）。

119. 霍啟昌：《香港與近代中國》（香港：商務印書館，1992 年）。

120. 鄺智文：《重光之路——日據香港與太平洋戰爭》（香港：天地圖書，2015 年）。

121. 聖類斯同學會編：《聖類斯中學九十周年紀念特刊》（香港：聖類斯同學會，2018 年）。

122. 葉靈鳳：《張保仔的傳說和真相》（香港：中華書局，2011 年）。

123. 戴東培主編：《僑港須知》（香港，永英廣告社，1933 年）。

124. 鍾寶賢：《商城故事——銅鑼灣百年變遷》（香港：中華書局，2009 年）。

125. 羅香林：《香港與中西文化之交流》（香港：中國學社，1961 年）。

126. 羅香林編：《1842 年以前之香港及其外交通》（香港：中國學社，1959年）。

127. 羅婉嫻：《香港西醫發展史 1842-1990》（香港：中華書局，2018 年）。

128. 嚴中平：〈英國鴉片販子策劃鴉片戰爭的幕後活動〉，載《近代史資料》，1958 年 4 期（1958 年 8 月）。

129. 饒宗頤：《九龍與宋季史料》（香港：萬有圖書，1959 年）。

130. 饒玖才：《香港的地名探索》（香港：天地圖書，1999 年）。

131. 饒玖才：《香港的地名與地方歷史（上冊）——港島與九龍》（香港：天地圖書，2011 年）。

（三）、地圖

1. CO129/ 026, "Sketch of lot applied for by Mr. Stephenson at Navy Bay, （West Point）", October, 1848.

2. HF 17 : "Map of Hong Kong with British Kowloon".

3. *Mapping Hong Kong: A Historical Atlas*, Lands Department, Hong Kong, Government Printer, 1992.

4. MM-0278: "Survey of the Northern Face of the island of Hong Kong from West Point to Causeway Bay", July, 1843.

5. MA002375: "Plan of the north shore of Hong Kong Island and immediate hinterland from the vicinity of west point to north point", 1842.

鳴謝名單

個人

丁澤堯道長	許瑞良閣長	陳運然先生	杜千送先生	朱詠筠女士
王紹增先生	游子安教授	劉國偉先生	馮景茂道長	陳覺聰先生
吳耀東道長	黃淑貞女士	梁金華師傅	黃慧賢博士	黃韻璋先生
黃佩傳先生	冒卓祺師傅	姚佑雄先生	葉少芬校長	姚松秋先生
葉錦輝牧師	崔家祥校長	鄭則祥先生	蕭國健教授	劉天佑先生
鄧家宙博士	何耀生先生	胡炎松先生	鄭鎮源先生	夏中建師傅
梁梁慕玲女士				

機構 / 單位

長春社文化古蹟資源中心	中華基督教禮賢會香港堂
保良局博物館	六合聖室
香港崇真會救恩堂	友記理髮
香港德教紫靖閣	四海唱片沖印中心
香港歷史檔案館	正街鞋
香港醫學博物館	伍惠記
香港饒宗頤學術館	合利號
香港鹹魚行進興商會	西區常豐里老福德宮聯誼會
俊城行	呂興合米業有限公司
雲泉仙館	李陞學校
聖士提反堂	忠誠行米業有限公司
聖類斯中學	明愛凌月仙幼稚園
德昌泰	生和隆美術紮作有限公司
德昌森記	東邊街渣甸橋街坊盂蘭勝會
關興記	佛教三角碼頭盂蘭勝會
九仔海產	

古溯西城

西營盤的變歷
新版

黃競聰 著

責任編輯　葉秋弦

裝幀設計　簡雋盈

排　　版　陳美連　楊舜君

印　　務　劉漢舉

出版

中華書局（香港）有限公司

香港北角英皇道 499 號北角工業大廈 1 樓 B

電話：（852）2137 2338

傳真：（852）2713 8202

電子郵件：info@chunghwabook.com.hk

網址：http://www.chunghwabook.com.hk

發行

香港聯合書刊物流有限公司

香港新界荃灣德士古道 220 - 248 號

荃灣工業中心 16 樓

電話：（852）2150 2100

傳真：（852）2407 3062

電子郵件：info@suplogistics.com.hk

版次

2022 年 7 月初版

2024 年 6 月新版

©2022、2024 中華書局（香港）有限公司

規格

16 開（210mm x 153mm）

ISBN

978-988-8807-61-1